職場適応促進のためのトータルパッケージ

ワークサンプル幕張版　実施マニュアル
―理　論　編―

独立行政法人高齢・障害・求職者雇用支援機構　障害者職業総合センター

―理論編―

まえがき

　障害者職業総合センターは、「障害者の雇用の促進等に関する法律」に基づき、職業リハビリテーションに関する研究・開発、情報の提供、専門職員の養成・研修等を行うための総合的な施設として、独立行政法人高齢・障害・求職者雇用支援機構によって運営されております。当センター研究部門では、職業リハビリテーションの各領域にわたる調査・研究を広く実施するとともに、その成果を調査研究報告書その他の形にまとめて、関係者に提供しております。

　そのような調査・研究の一環として、障害者支援部門では、平成11年度から15年度までの5年計画で、「精神障害者等を中心とする職業リハビリテーション技法に関する総合的研究」を進め、平成16年度から平成18年度までは「事業主、家族等との連携による職業リハビリテーション技法に関する総合的研究」により、さらに、平成19年度から平成21年度までは「特別の配慮を必要とする障害者を対象とした、就労支援機関等から事業所への移行段階における就職・復職のための支援技法の開発に関する研究」により、職業リハビリテーションの実践現場で活用すること、職業リハビリテーション機関と関係機関との連携を円滑に進めることを目的に、「職場適応促進のためのトータルパッケージ」の開発、普及に取り組んできました。

　「職場適応促進のためのトータルパッケージ」は、ワークサンプル幕張版（MWS）、メモリーノート（幕張版）（M-メモリーノート）、幕張ストレス・疲労アセスメントシート（MSFAS）などを組み合わせて総合的に活用する支援ツールです。

　ここに刊行するワークサンプル幕張版のマニュアルは、「ワークサンプル幕張版実施マニュアル―理論編―」、各ワークサンプルの訓練版及び簡易版からなる「ワークサンプル幕張版実施マニュアル」により構成されており、ワークサンプル幕張版の実施に役立つ詳細なマニュアルになっております。職業リハビリテーション機関のみならず、学校や施設などの支援機関、事業所、家庭においても広く活用されることを期待するものです。

　なお、開発のためのデータ収集に際して、ご協力いただいた全国の関係者のみなさまに対し、厚く御礼申し上げます。

独立行政法人高齢・障害・求職者雇用支援機構
障害者職業総合センター
研究主幹　　　楪葉　伸一

MWS 実施マニュアル

ワークサンプル幕張版のマニュアルは次の11冊で構成されています。

「ワークサンプル幕張版　実施マニュアル　―理論編―」
「ワークサンプル幕張版　実施マニュアル　―簡易版―」
「ワークサンプル幕張版　実施マニュアル　―訓練版　OAWork―」
「ワークサンプル幕張版　実施マニュアル　―訓練版　数値チェック―」
「ワークサンプル幕張版　実施マニュアル　―訓練版　物品請求書作成―」
「ワークサンプル幕張版　実施マニュアル　―訓練版　作業日報集計―」
「ワークサンプル幕張版　実施マニュアル　―訓練版　ラベル作成―」
「ワークサンプル幕張版　実施マニュアル　―訓練版　ナプキン折り―」
「ワークサンプル幕張版　実施マニュアル　―訓練版　ピッキング―」
「ワークサンプル幕張版　実施マニュアル　―訓練版　重さ計測―」
「ワークサンプル幕張版　実施マニュアル　―訓練版　プラグ・タップ組立―」

　本書は、「ワークサンプル幕張版　実施マニュアル　―理論編―」です。
　ワークサンプル幕張版をご活用いただく際には、各ワークサンプルのマニュアルと併せて使用してください。

　各ワークサンプルに用いられる材料や部品、工具等は、実施マニュアルに基づき、指定された方法でご利用いただきますようお願いいたします。
　なお、指定された方法以外の取り扱いをしたことに起因する損失、損害につきましては、当機構およびメーカーは一切の責任を負いません。

―理論編―

ワークサンプル幕張版（MWS）を効果的に使うために

　MWSは、様々な作業を体験したり、職業生活に必要なスキルの学習に役立つ、効果的な職業リハビリテーションのためのツールです。

このツールを使いこなすと、
　　☆様々な作業を正確に、本人に合ったスピードで行えるよう支援できます。
　　☆苦手な作業をうまくこなすために、必要な補完方法を提案できます。
　　☆自分で毎日の作業の計画を立て、自立的に作業する方法を提案できます。
　　☆ストレスや疲労との上手なつき合い方や本人に合った働き方を提案できます。

　でも、MWSを使いこなして、効果的な支援をするのは大変なのでは？

　そこで、この「MWS実施マニュアル」では、「理論編」や「簡易版」、「訓練版（各種ワークサンプル）」をご用意し、MWSを使った指導・支援の考え方や方法について、支援者の方々に分かりやすくまとめました。

　このマニュアルを読むと、次のような内容を学ぶことができます。
　　▽MWSの概要と支援・指導方法の基本的な考え方
　　▽MWS簡易版を用いた評価の具体的な実施方法
　　▽MWS訓練版を用いた指導・支援の具体的な実施方法
　　▽MWSをより効果的に活用するためのトータルパッケージのツール群との併用
　　　方法

目　次

第1章　職場適応促進のためのトータルパッケージ ……………………………………………… 1
　1．トータルパッケージの概要 ……………………………………………………………………… 1
　2．トータルパッケージの流れ ……………………………………………………………………… 3
　3．トータルパッケージのカリキュラム例 ………………………………………………………… 5

第2章　ワークサンプル幕張版（MWS） …………………………………………………………… 6
　1．MWSの概要と機能 ………………………………………………………………………………… 6
　　（1）MWSの概要 …………………………………………………………………………………… 6
　　　（ア）MWSの開発コンセプト ………………………………………………………………… 6
　　　（イ）MWSの構成 ……………………………………………………………………………… 6
　　（2）MWSの機能 …………………………………………………………………………………… 7
　　　（ア）MWS簡易版の機能 ……………………………………………………………………… 7
　　　（イ）MWS訓練版の機能 ……………………………………………………………………… 7
　2．MWSによる指導・支援 ………………………………………………………………………… 10
　　（1）MWSによる支援の考え方 ………………………………………………………………… 10
　　　（ア）訓練カリキュラムの検討のための基礎知識 ………………………………………… 10
　　　（イ）トレーニング期における指導・支援の考え方 ……………………………………… 11
　　　（ウ）MWSの結果の活用 ……………………………………………………………………… 18
　　　（エ）フィードバック・相談 ………………………………………………………………… 19
　　（2）MWS実施の際の留意点 …………………………………………………………………… 20
　　　（ア）MWS導入のポイント …………………………………………………………………… 20
　　　（イ）MWS作業選択のポイント ……………………………………………………………… 21
　　　（ウ）MWS作業決定のポイント ……………………………………………………………… 22
　　　（エ）MWS活用のポイント …………………………………………………………………… 22

第3章　MWSの活用に向けて ……………………………………………………………………… 25
　1．他のツールとの有機的な関連 ………………………………………………………………… 25
　　（1）MSFASとの活用 …………………………………………………………………………… 25
　　　（ア）ストレス・疲労への対処行動 ………………………………………………………… 25
　　　（イ）MSFASによる課題・問題の共有化 …………………………………………………… 26
　　　（ウ）MSFASによる機能分析と課題分析 …………………………………………………… 27
　　（2）M-メモリーノートとの活用 ……………………………………………………………… 28
　　　（ア）M-メモリーノートの機能 ……………………………………………………………… 29
　　　（イ）M-メモリーノートの職業生活・日常生活への般化 ………………………………… 29
　　　（ウ）M-メモリーノートの作業場面での活用 ……………………………………………… 30
　2．支援者の留意事項 ……………………………………………………………………………… 32
　　（1）対象者との信頼関係 ……………………………………………………………………… 32
　　（2）トータルパッケージとMWSについての知識と経験 …………………………………… 32
　　（3）対象者の自己決定の尊重と専門的サービスの実施 …………………………………… 32
　　（4）結果に関する守秘義務 …………………………………………………………………… 32
　3．MWSの活用による連携 ………………………………………………………………………… 33

―理論編―

第1章　職場適応促進のためのトータルパッケージ

　障害者職業総合センター障害者支援部門では、障害者に対する評価・支援技法の開発を目的として、職業能力を評価するだけでなく、作業を行う上で必要となるスキルや職務遂行を可能とする環境（補完手段や補完行動、他者による支援等を含む）を明らかにするため、「職場適応促進のためのトータルパッケージ（以下トータルパッケージという）」を開発してきた。トータルパッケージには、**OA**作業や事務作業、実務作業からなるワークサンプル幕張版（**Makuhari Work Sample**；以下**MWS**という）や、高次脳機能障害者等への情報の整理方法の獲得を目的としたメモリーノート（幕張版）（**Makuhari Memory Note**；以下**M-メモリーノート**という）、さらに、職業リハビリテーションの指導・支援の中で生じるストレスや疲労に対するセルフマネージメントスキルの獲得を支援するための幕張ストレス・疲労アセスメントシート（**Makuhari Stress Fatigue Assessment Sheet**；以下**MSFAS**という）等が含まれている。また、トータルパッケージの試行では、様々な障害を持つ者を対象に、これら開発したツール群をもとに、作業における補完方法の確立や作業場面における作業やストレス・疲労への対処行動の確立を目指したセルフマネージメントスキルの確立のための指導・支援の方法についても研究を行ってきた。

　これらの開発・試行の結果、トータルパッケージによる支援では、ひとりひとりの対象者の障害状況や作業能力を把握するだけでなく、作業や補完方法の学習可能性、ストレス・疲労への認識や対処行動についての学習可能性等についても評価・支援ができるよう工夫されている。

図1　トータルパッケージの全容

1．トータルパッケージの概要

　トータルパッケージの第1の目的は、障害者が労働者として一定の職務を果たせるよう、必要な能力を獲得すること、支援者はこれを支援することである。また、第2の目的は、仕事を継続する中で生じるストレスや疲労に対する対処行動や、個々の障害状況に応じた職場適応に必要な補完方法を身につけたり、必要な環境の整備等についても明確化することである。これらにより、障害者の作業遂行力を向上していくことを目指している。

　トータルパッケージの対象となる障害は幅広く、多様な障害に適用可能である。

　つまり、トータルパッケージは、対象者が作業遂行力、対処行動、補完方法を獲得し、ひとりひとりの力に応じたセルフマネージメントスキルを身につけるために、必要な支援を受けながら対象者に適したレベルでの自立した職業生活を送れるよう、指導・支援することを目指した総合的な職業リハビリテーション・サービスなのである。

　トータルパッケージの構成等を表1にまとめた。

表1　トータルパッケージの構成と機能、特徴

	構成	機能	特徴
1	Wisconsin Card Sorting Test (WCST)	遂行機能障害等の有無の確認 効果的な支援方法の評価	・支援者は有効な補完方法の手がかりを得られる。 ・対象者は補完手段・補完行動の有効性を体験する機会となる。
2	M-メモリーノート	基本的な情報整理スキルの獲得	・対象者は補完方法の有効性を体験する機会となる。 ・スケジュールや行動管理、行動記録、情報共有のツールとして、対象者のニーズに合わせて使用する。
3	MWS簡易版	課題の体験、作業における障害の現れの確認、作業の実行可能性、作業耐性等の把握	・簡易版を体験し、興味のあるものや取り組みたいもの、苦手なものを特定する。 ・作業への障害の影響を予測する。
4	MWS訓練版	作業ミスや作業能率の改善、作業遂行の安定、補完手段の特定と使用の訓練（難易度の段階的設定）	・原則として、本人との相談により決定する。 ・難しすぎる課題は除外し、できる課題から取り組み、段階的に訓練を進める。
5	MSFAS	障害状況に関する情報の整理 障害理解・障害受容の状況等の把握 ストレスや疲労の現れ方等の把握 関連情報の収集・共有と支援計画立案	・本人主体に作成し、相談の中でストレス・疲労のセルフマネージメントの獲得に向け支援を計画する。 ・ストレス・疲労セルフマネージメント訓練を段階的に実施する。
6	グループワーク	ピアモデルを見る機会の設定 障害認識に関する検討	・作業開始時、終了時等に情報交換や討議を行うグループ活動の機会を設定する。 ・M-メモリーノートの利用状況や作業状況等、リハビリテーションのポイントを確認する。

　ウィスコンシン・カードソーティングテスト（Wisconsin Card Sorting Test；以下WCSTという）は神経心理学的な検査の一つである。この検査は、高次脳機能障害の中でも遂行機能障害と呼ばれる思考や計画立案、計画遂行等の能力の障害について、その有無を推定するための検査として主に医療の分野で広く用いられているものである。トータルパッケージでは、この特徴的な検査を、職業リハビリテーション・サービスのニーズに合わせた方法で応用することをねらいとして取り入れた。

　メモリーノートは記憶障害のある対象者に有効な補完手段として、医学的なリハビリテーションの場面でもよく使われているものであるが、それをさらに職場に合わせた形で進歩させ、M-メモリーノートとその活用に向けた指導支援方法を開発した。M-メモリーノートでは、記憶障害だけでなく、遂行機能障害や精神障害等の認知障害に対しても有効なツールとなるようシステム手帳形式の様式を用いて、職場で必要となる情報の整理・活用の方法を獲得できるよう工夫している。M-メモリーノートというシステム手帳と、それを使いこなすための指導・支援方法を合わせて"M-メモリーノート"と呼んでいる。

　MWSは簡易版と訓練版がある。簡易版は比較的短時間で13のワークサンプルを経験でき、対象者自身が自分に合った作業や興味のある作業を見つけたり、自分の障害が作業上どんな形で現れるのかを確認することができるよう作成されている。一方、訓練版は簡易版と同様のワークサンプルを用いて、各ワークサンプルに難易度別の段階を設け、訓練に活用できるようボリュームを大きくし、評価や訓練に活用できるように作成されている。これらを訓練課題として用いることで、補完手段・補完行動や個々に必要な環境整備を特定できるよう工夫している。

　MSFASは、ストレスや疲労に関連する情報を整理し、それを乗り越えていくための対処行動を

計画的に学習する方法を検討するシートである。これは対象者自身が作成する様式と相談等で活用する様式に分かれており、対象者自身がストレスや疲労の中で見られる自分の障害の現れを見つめ直したり、相談の中で具体的な対処方法を見出していく際に用いることができる。

グループワークは、トータルパッケージを実施する期間に行われる、朝・夕のミーティングを中心とした小集団での活動である。高次脳機能障害や精神障害といった中途障害者では、個別相談だけでは自分自身の障害を受け入れることが難しいと言われている。このような障害受容の問題を抱える障害者の場合、小集団の活動の中でお互いのことを話し合い、相互にモデルとなりながら障害について考えていく場が有効である。トータルパッケージでは、グループワークを重要な要素として考え、計画的に導入している。

2．トータルパッケージの流れ

トータルパッケージの流れを図2に示した。トータルパッケージは、セルフマネージメントの構築の視点に立って職業リハビリテーション・サービスを実施する中で、作業遂行力の向上や対処行動・補完方法の獲得を目指して、障害状況に応じた評価や指導・支援等を行うよう構成されている。

トータルパッケージでは、まず、基礎評価の中で、対象者の障害状況に関する情報や障害理解・障害受容の状況等を把握すると共に、職場や作業を行う中で生じがちなストレスや疲労の現れ方等についての情報を収集することから始まる。これらの情報をMSFASに集約した上で、スケジューリング・スキルの獲得が職業リハビリテーション・サービスの中で必要とされるかどうかを判断する。スケジューリング・スキルの獲得が必要な場合には、M-メモリーノートの集中訓練を実施する。

さらに、MWS簡易版により各ワークサンプルの体験を行い、作業における障害の現れや作業に対する個々の実行可能性等について把握する。その後、本人に適当と考えられるワークサンプルを選定し、各ワークサンプルにおける作業能力の向上や作業遂行に必要な環境設定を特定できるよう指導・支援を行う。さらに段階的な指導・支援を進め、作業をスムーズに遂行できるようになれば複数の作業を一定の時間内で行い、個々の状況に応じた休憩を取得するよう計画を立てセルフマネージメントできるよう指導・支援を重ねていく。

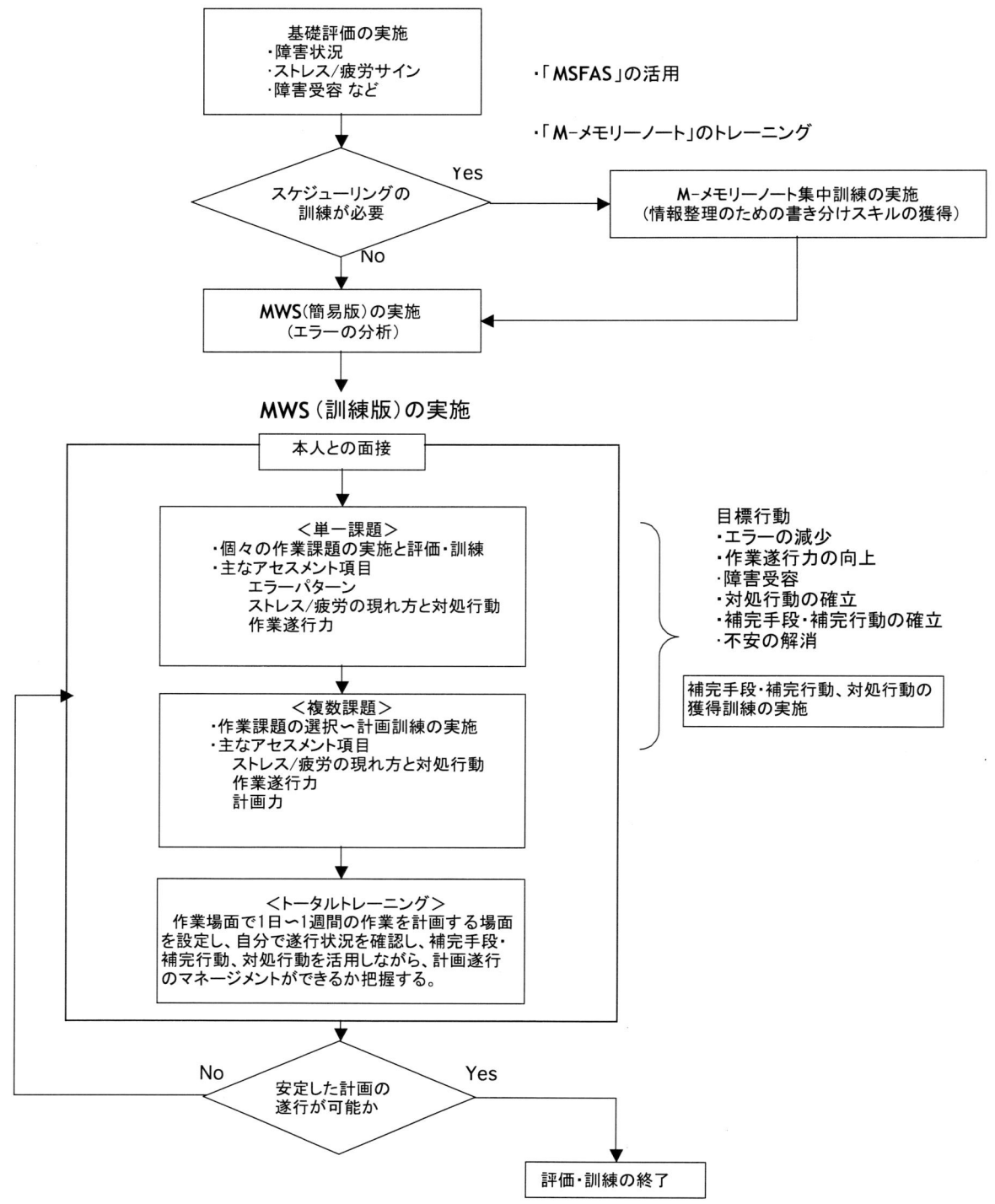

図2　MWSを用いた職場適応促進のためのトータルパッケージの流れ
　　～補完方法・対処行動・作業遂行力の獲得と向上を目指して～

― 理論編 ―

3. トータルパッケージのカリキュラム例

表2にトータルパッケージのカリキュラム例を示した。なお、このカリキュラムは、図2を実施する際のカリキュラムの例である。

表2 トータルパッケージのカリキュラム例

時間	1日目 スケジュール	2日目 スケジュール	3日目 スケジュール	4日目 スケジュール	5日目 スケジュール	6日目 スケジュール	7日目 スケジュール
9:45	説明	作業準備	作業準備	作業準備	作業準備	作業準備	作業準備
10:00	個別相談	g 相談	相談	g 相談	g 相談	g 相談	g 相談
10:05	個別相談 WCST	* 簡易評価 相談	* OA作業	* 事務作業	* OA作業 事務作業	* OA作業 実務作業	* 実務作業
11:00		* 簡易評価	* OA作業	* 事務作業	OA作業 事務作業	OA作業 実務作業	* 実務作業
12:00	メモリーノート 簡易評価 （事務作業、 OA作業）			g 相談		g 相談	
13:00		MN訓練	* 事務作業	*			* 実務作業 事務作業
14:00		* 簡易評価			* OA作業 事務作業	*	
15:00				*	*		
15:45	g 相談	g 相談	g 相談		g 相談		g 相談

※ □ は、前日に指示済み、gはグループ活動、*はメモリーノート記入事項を示す

このカリキュラムでは、まず1日目に対象者ごとに個別相談を行い、個々人の障害状況とストレス体験や疲労感の認識等についての情報を収集する。その後、WCSTを実施し、遂行機能障害の有無の可能性や反応改善に効果的な支援方法について評価する。

1日目後半～2日目にかけて、M-メモリーノート訓練とMWS簡易版を行い、基本的な情報整理スキルの獲得と作業におけるエラーの現れ方を把握する。

3日目～7日目には、対象者ごとに順次MWS訓練版のワークサンプルを用いた訓練を行い、補完手段・補完行動の獲得を含めて、個々の作業で見られるミスや作業の不安定さ、作業能率等の改善を図る。特に後半では、対象者自身が、作業スケジュール、作業の進め方、作業の時間帯や実施時間をふまえた遂行状況、疲労度などをM-メモリーノートで確認しながら、ストレス・疲労への対処行動等の学習も含めて、自分の力で作業を実施していく段階に移行する。

2日目以後のスケジュールについては、毎日、終わりの相談の際に、時間や場所、必要物品、提出物等を提示し、翌日以降の場面の中でこれらの実行状況を把握する。

グループワークについては、朝、一日の日程の確認やその日の作業や職場（模擬的就労場面）での注意点等の確認を行い、夕方は、一日働いてどういう所が難しかったのか、どういうところが学習できたのか等をひとりひとり話し合う時間として用いる。

MWS実施マニュアル

第2章　ワークサンプル幕張版（MWS）

1．MWSの概要と機能

（1）MWSの概要
　MWSは、トータルパッケージにおける中核的なツールの一つであり、作業遂行力等の職業準備性の向上だけでなく、職場復帰支援等の職業リハビリテーション・サービスでも活用できるようOA作業、事務作業、実務作業に大別される13種類のワークサンプルから構成されている。

（ア）MWSの開発コンセプト
　MWSの開発に際しては、様々な職務に対応できるワークサンプルであること、職業能力を評価するだけでなく作業を行う上で必要となるスキルや職務遂行を可能とする環境（補完手段や補完行動、他者からの支援等を含む）を明らかにすること、様々な様相で現れる職業上の問題に対応できるよう訓練課題としての機能も果たせることを、基本的な開発コンセプトとした。

（イ）MWSの構成
　MWSは、職業リハビリテーションの中で様々に現れる対象者の課題について、作業を通してその状況を把握したり訓練できるツールとして機能できるよう開発されている。そのため、MWSには、主に作業体験や作業能力の初期評価に用いられる「簡易版」と、シングルケース研究法を用いて作業能力の向上や補完方法の活用の指導、作業やストレス・疲労への対処行動等のセルフマネージメントスキルの確立に向けた支援に用いられる「訓練版」が用意されている。表3に13種類のワークサンプルの名称と内容を示した。

表3　MWSにおけるワークサンプルの構成

	ワークサンプル名	内　容
OA作業	数値入力	画面に表示された数値を、表計算ワークシートに入力する。
	文書入力	画面に表示された文章を、枠内に入力する。
	コピー＆ペースト	画面に表示されたコピー元をコピー先の指定箇所にペーストする。
	検索修正	指示書に従ってデータを検索し、内容の修正を行う。
	ファイル整理	画面に表示されたファイルを、該当するフォルダに分類する。
事務作業	数値チェック	納品書にそって、請求書の誤りをチェックし、訂正する。
	物品請求書作成	指示された条件にそって、物品請求書を作成する。
	作業日報集計	指示された日時・人に関する作業日報を集計する。
	ラベル作成	ファイリング等に必要なラベルを作成する。
実務作業	ナプキン折り	折り方ビデオを見た後、ナプキンを同じ形に折る。
	ピッキング	指示された条件にそって、品物を揃える。
	重さ計測	指示された条件にそって、秤で品物の重さを計量する。
	プラグ・タップ組立	ドライバーを使い、プラグ等を組み立てる。

　MWSは、簡易版においても訓練版においても、一定の評価ツールとして用いることができる。また、MWSは対象者の状況や好み、あるいは従事する予定の職務等に合わせて選択的に用いることができる。さらに、複数の作業からなる職務を想定して、幾つかのワークサンプルを組み合わせて実施することもできる。
　MWSは簡易版・訓練版を合わせると相当量のボリュームがあるが、柔軟に選択的に組み合わせて用いることで様々な目的にそった機能を果たすことができるツールである。また、MWSは、WCSTやMSFAS、M-メモリーノート、ストレス・疲労のセルフマネージメントトレーニング、グ

―理論編―

ループワーク等と組み合わせ、トータルパッケージの一環として用いることで、より一層対象者の課題を明確にし、効果的、効率的な職業リハビリテーション・サービスの展開を可能とするものになっている。

(2) MWSの機能

MWSは活用の仕方によって様々な目的に応じた機能を発揮することができる。以下に、簡易版・訓練版に分けてその機能についてまとめる。

(ア) MWS簡易版の機能

MWS簡易版は、MWS訓練版と同様に、13種類のワークサンプルから構成されている（「MWS実施マニュアル　－簡易版－」参照）。どのワークサンプルもMWS訓練版のレベルを体験できるよう工夫されており、また、量的にも質的にも評価できる記録用紙も用意されている（「MWS実施マニュアル　－簡易版－（巻末資料）」参照）。

(a) 体験版としての機能

簡易版を実施することにより、対象者がワークサンプルの内容を体験、理解した上で、自分の訓練で用いるワークサンプルを選択することができる。体験版としての使用は、訓練に対する対象者の動機付け、職歴のない対象者への具体的な職業情報提供手段として有効である。

(b) 評価版としての機能

試行数が少ないので明確な障害の傾向を把握するのに十分とは言い難いが、エラー傾向の把握、補完方法の見通しが把握できる場合もある。また、対象者が興味を持てる作業や、安心して取り組めるレベルを特定し、本格的なMWS訓練版の実施につなげていくことができる。

「作業日報集計」「検索修正」「文書入力」「ラベル作成」など作業実施に長い時間を要するものもあり、対象者の能力、パソコンやその他の事務機器の使用経験等に配慮し選択することも必要である。

(イ) MWS訓練版の機能

MWS訓練版は、13種類のワークサンプルから構成されている（「MWS実施マニュアル　－訓練版（各種ワークサンプル）－」参照）。MWS訓練版では、指導・支援が円滑に行われ、対象者自身も着実に必要なスキルを学習できるように、また、対象者ごとに実施可能なレベルの特定が可能となるように、全てのワークサンプルについて、レベルを難易度別に4から6段階の範囲で設定している。これにより、対象者の状況に合わせて、レベルを柔軟に組み合わせ、対象者ごとの課題の改善を段階的に支援することを可能としている。実施方法は、後述するABA法による実施を推奨している。

(a) 作業能力の向上や補完方法の活用に向けた評価と支援

MWS訓練版では、継続的な指導を行う中で作業上必要なスキルや補完方法、環境整備のあり方等を検討・試行できるよう、相当量の作業課題が用意されている。また、複数のワークサンプルと難易度によるレベルの設定によって、ひとりひとりの対象者の障害状況が、どの作業のどのレベルで生じてくるのか把握することができる。さらに、その作業で生じたエラーの分析を行うことにより、個々の障害の現れ方の特徴を把握することが可能となり、実際の職場での問題に対する予測性の向上に繋がる。これらを踏まえ、訓練の中で補完方法を導入することで、対象者が実施困難であったレベルであっても、何らかの指導・支援によって実施できる可能性を示唆することができる。この結果により、対象者の職場での適応可能性を、さらに精緻に予測し、適応促進のための具体的なサービスの展開へと繋げていくことが可能となる。

（ｂ）作業に関するセルフマネージメントスキルの確立のための評価と支援

　セルフマネージメントには、自分自身で自分の作業の指示を出す「セルフインストラクション」、自分自身で作業の工程管理ができているかをモニターする「セルフモニタリング」、自分自身で作業がうまくできた時に自分を褒める「セルフレインフォースメント」などがある。

　これらは、対象者のセルフマネージメントスキルを指導・支援する際の、具体的な手続きであり、個々の障害状況に応じて用いられるべきものである。例えば、記憶障害により指示内容の忘却が見られる場合には「セルフインストラクション」を、注意障害によりミスが継続する場合には「セルフモニタリング」を、遂行機能障害により意欲の低下が見られる場合には「セルフレインフォースメント」の導入を検討すべきである。また、これらは単独で用いるのではなく組み合わせて実施することも、段階的に導入することも可能である。

　セルフマネージメントスキルの向上に対する段階的な支援は、トータルパッケージの指導・支援の一つとして必須のものである。

　特にMWSでは、単に作業を実施し、様々な作業種を経験するだけでなく、セルフマネージメントスキルの確立を目標に行うことを推奨している。セルフマネージメントの段階的な指導・支援について表4にまとめた。

　作業準備のセルフマネージメントの場面では、これから行う作業に必要な物を自分で揃えることが最も望ましいが、それに至るまでの段階を設定し、訓練が進むにつれ、自分自身で行えるよう移行していく。

　作業指示のセルフマネージメントでは、実際の作業に関する作業指示について、最初の段階では支援者から指示していたものを、徐々に作業マニュアル等を使いこなし、自分自身で行えるよう移行していく。

　作業結果のセルフマネージメントでは、最初は作業結果の良し悪しを支援者が判断し、徐々にセルフモニタリングの手続きを導入し対象者自身で確認・判断するよう指導する。最終的には、一定数ができたところで、対象者が自己確認をして報告する段階に移行していく。

表4　MWSで実施できる作業のセルフマネージメント・トレーニング

1．作業準備のセルフマネージメント
① 支援者による作業準備
② 作業準備指示にそった作業準備
③ 作業準備マニュアルに基づく作業準備
2．作業指示のセルフマネージメント
① 他者からの作業指示による作業の実施
② 他者からの選択肢提示と選択による作業の実施
③ 自発的な作業開始と作業マニュアルによる作業の実施
3．作業結果のセルフマネージメント
① 他者からの作業結果のフィードバック
② 作業結果の自己確認と他者への報告
③ 作業結果の自己確認の習慣化
4．作業計画のセルフマネージメント
① 他者からの指示による単一作業の実施
② 他者からの指示による複数作業の実施
③ 他者からの選択肢提示による単一作業の実施
④ 他者からの選択肢提示による複数作業の計画と実施
⑤ 自発的な複数作業に関する作業計画と作業の実施

　作業準備・作業指示・作業結果に対するセルフマネージメントが確立され、これらを合わせて実施することで作業計画のセルフマネージメントが可能となる。作業計画のセルフマネージメントの最初の段階では、対象者は他者から指示を受け一つの作業だけを行い、徐々に作業の種類や作業量を増やしながら、対象者自身が自発的に計画できるよう支援を行う。

― 理論編 ―

（c）ストレス・疲労に関するセルフマネージメントスキルの確立のための評価と支援

　MWS訓練版では対象者の障害の状況に応じて作業負荷を段階的に調整できるため、対象者が職場で感じるストレスや疲労についても段階的に再現することが可能である。またこの特徴は、ストレス・疲労への耐性の向上や適切な対処行動の確立にも活用できることから、ストレスや疲労に関するセルマネージメントスキルの確立について段階的な支援を実現することができる。

　作業負荷の段階的な設定により、ストレスや疲労が生じやすい状況を特定したり、対象者のストレスや疲労のサイン、対処行動の状況等を把握し、対象者へ具体的にフィードバックすることができる。また、対象者自身も段階的な作業の中でストレスや疲労を経験することにより、どのような作業でストレスや疲労を感じやすいか、ストレスや疲労を感じた時にどのような状態になるのかといったサインに気づきやすくなる。

　MWS訓練版では、支援者と対象者がストレスや疲労の現れ方や対処行動の現状を具体的に把握し、ストレスや疲労が作業に影響しないよう、より望ましい作業の仕方や休憩のタイミング・内容等についてセルフマネージメントできるよう段階的な支援を行う。表5にストレス・疲労の認識を高める段階と作業場面における休憩の取り方等に関する具体的な支援の段階を示した。

表5　MWSで実施できるストレス・疲労のセルフマネージメント・トレーニング

A．ストレス・疲労の認識を高める段階
①　MSFAS等によりストレス・疲労に関する認識と現状の課題を把握する。
②　MSFAS及び作業状況、過去の経過等により、ストレス・疲労のサインを整理し把握する。
③　MSFAS等を用いた相談で、ストレス・疲労への対処行動の確立の必要性と、自己のサインや有効と思われる対処方法について対象者と共に検討し、支援実施の同意を得る。
④　Bの段階での結果を基に、ストレス・疲労に対する対処行動を確認し支援計画を再検討する。
B．作業場面における具体的な支援段階
⑤　ストレス・疲労のサインが見られた際に、対象者へフィードバックし状態を確認させる。
⑥　ストレス・疲労のサインが見られた際に支援者が休憩を指示する。
⑦　休憩の内容や時間に関する選択肢を提示し、自己の状態に応じたものを選択させ休憩する。
⑧　ストレス・疲労を認識したり指摘された場合の休憩の内容等を計画し、自分のストレスや疲労、対処行動である休憩の取得を自己統制する。

（d）障害の自己受容の促進

　MWS訓練版のもう一つの利点は、対象者が積極的な態度を維持しながら自分自身の障害の受容を促進できる点にある。従来の評価方法では、作業の結果についてのフィードバックは行われても、それを訂正し、ミスをなくすための方法を実行する機会は殆どなかった。MWSでは、個々の作業結果のフィードバックを受け、訂正や挑戦の機会が数多く与えられる。対象者は、このような訂正・挑戦の機会に、作業に積極的に取り組み、落ち着いた態度で障害を乗り越えるための方法を獲得していくことができる（「トレーニング期における指導・支援の考え方（p.11）」参照）。

　障害の自己受容の促進を考える時、トレーニング期は障害を乗り越える機会としても捉えることができる。つまり、対象者は、作業の中で自身の障害の現れに気づくだけでなく、それを乗り越える機会が保証されることにより、適切な障害の自己認識を育てることができる。

2．MWSによる指導・支援

（1）MWSによる支援の考え方
（ア）訓練カリキュラムの検討のための基礎知識
（a）試行とブロックの考え方

　MWSでは、対象者の作業の結果を数値化して把握するため、各ワークサンプルの実施単位を定義している。実施単位ごとに必要となる作業時間や工程数はワークサンプルの内容によって大きく異なっているが、実施単位の最小単位を1試行と呼び、複数の試行数からなる集まりをブロックと呼んでいる。なお、MWSでは各ワークサンプルの実施単位を原則として1ブロックあたり6試行としている。

　MWSを実施する場面では、対象者の状況に応じて、1ブロックあたりの試行数を調整したり、単位時間あたりに実施するブロック数を調整することで、対象者に係る作業負荷を変えることができる。このような調整は、対象者の状況を十分に把握しながら行うことが必要である。また一般参考値は、MWSの各ワークサンプルの基本的な設定によって測定されており、これらとの比較を行う場合には、同様の設定の中から得られた結果を用いることが望ましい。

（b）ABA法

　MWSは、シングルケース研究法の中からABA法を応用し、まずワークサンプルの実施状況を訓練実施前に評価し（**A**、この期間を「ベースライン期」という）、続いて各ワークサンプルに有効な指導方法（**B**）や適切な補完方法等（**C**）の確定を目指す（この期間を「トレーニング期」という）。さらに、それらの指導の効果や補完方法等の有効性を評価する（**A'**、この期間を「プローブ期」という）。実際の事例では、時間的制約から、自立的な作業遂行をできるだけスムーズに確立できるよう、トレーニング期の中で複数の指導（指導方法の変更や補完方法の導入等）を実施することも多い。表6に、基本的な評価デザインを示した。

表6　MWSにおける評価デザインの例

評価デザイン	仮想データによる実施例
A	レベル1：ベースライン期から単独作業で正答率90%以上を示した
A-B-A'	レベル2：ベースライン期は80%の正答率だったが、訓練の結果95%以上の正答率となった
A-B/C-A'	レベル3：ベースライン期で平均正答率50%、補完方法を用いて平均正答率90%となった
A-B/C-A'	レベル4：ベースライン期で平均正答率66%、補完方法を用いて平均正答率100%となった
A-B/C-A'	レベル5：ベースライン期で平均正答率50%、補完方法を用いて平均正答率100%となった

① ベースライン期（訓練前の評価期（A））

　ベースライン期は、各ワークサンプルを最初に実施した際にどのような行動や結果が現れるかを観察・測定するために実施される、評価のための期間である。ベースライン期では、結果のフィードバックや特別な指導、補完方法の導入等は行わず、各ワークサンプルにおける課題の遂行能力を評価する。

　MWSでは対象者への負荷を考慮して、各ワークサンプルのレベル1からベースライン期を実施することとしている。例えば、レベル1のベースライン期において1ブロックあたりの正答率が90%以上であり複数のブロックで継続的に同様の結果が得られた場合に、レベル2へ移行する。また、各ブロックの正答率が安定しなかったり、90%以下の正答率が続く場合には、レベル1のトレーニング期へ移行することとなる。

② トレーニング期（訓練期（B／C））

　トレーニング期では、対象者が実施した作業結果は原則として1試行ごとにフィードバックされる。また、1試行ごとの実施の中でエラーが見られた場合には、後述のリトライや手がかりの

付加(プロンプト法)等の方法を応用し訓練を実施する。これらの指導方法は単独で、あるいは組み合わせて使用し、徐々に指導方法を減じていく(これを「フェイディング法」という)。

また、必要に応じて、個人の障害特性に応じた補完方法を用いた作業の実施方法について指導する。補完方法には、対象者自身が行う補完行動(読み上げ確認等)と何らかの物品を用いて補う補完手段(指示書の活用等)がある。

補完行動や補完手段は、フェイディング法により減ずることができる場合もあるが、作業上常に必要となる対象者も多い。フェイディングするかどうかは、各対象者の状況を見ながら判断する。

③ プローブ期(訓練後の評価期(A'))

このプローブ期は、トレーニング期の効果を確認するため、ベースライン期と同様に結果のフィードバックを行わずに作業を実施する評価の期間である。ただし、トレーニング期で何らかの補完方法が継続的に必要であると判断された場合には、そのまま補完方法を活用して作業を実施する。このプローブ期の結果から、トレーニング期の指導の効果や補完方法の有効性を確認することができる。

(イ)トレーニング期における指導・支援の考え方
(a)フィードバック

試行ごとに行われるフィードバックは、それ以後の試行における正反応を導き出すことに繋がる。つまり、フィードバックは正しい作業遂行の学習を促すための最も重要な手続きである。

トレーニング期では、対象者の各試行の反応に対し支援者はその正誤についてフィードバックを行う。また、トレーニング期での作業の中で、誤反応に繋がる対象者の行動が特定された場合には、その行動について具体的に詳細なフィードバックを行い、望ましい行動への変容を促す。

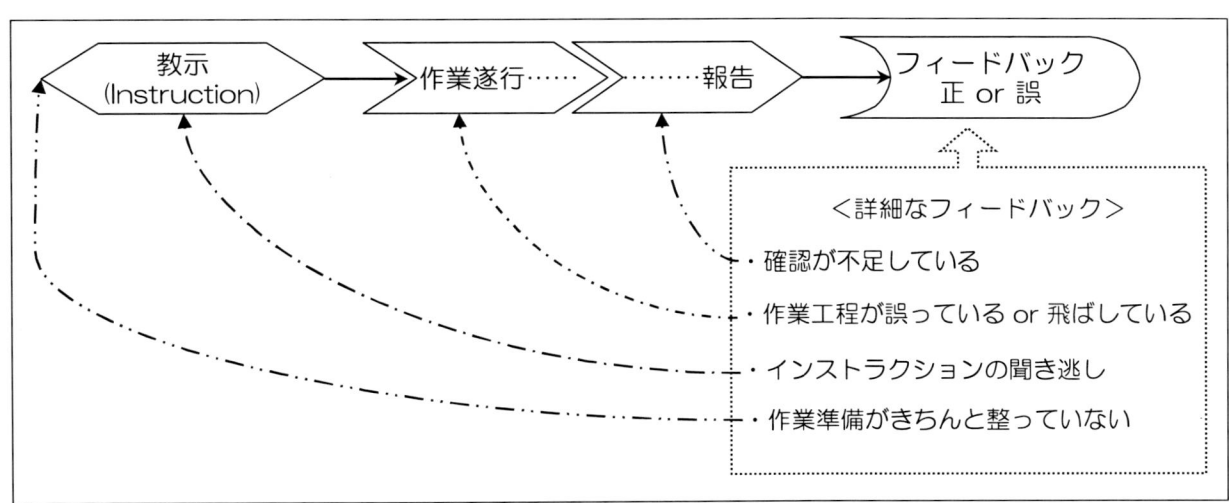

図3 フィードバックの概念図

（b）リトライ（再試行）

トレーニング期における一つ一つの試行は全て学習の機会であり、正しい反応を特定し学習への意欲が高まるよう実施しなければならない。ところが、作業遂行が安定せず誤りを指摘するフィードバックが続くと、対象者の作業に対する意欲は減少してしまう。そのため、トレーニング期では、最初の反応が誤りであっても、必ず正しい反応でその試行を終了できるようリトライを行うことを原則としている。

リトライの手続きでは、トレーニング期のある試行で誤反応が生じた場合、支援者は誤りをフィードバックするだけでなく、直後に再度同じ内容の試行を繰り返すよう指示する。このとき指示の中に手がかり（プロンプト）を付加するなど、確実に正しい反応に導くことが必要である。

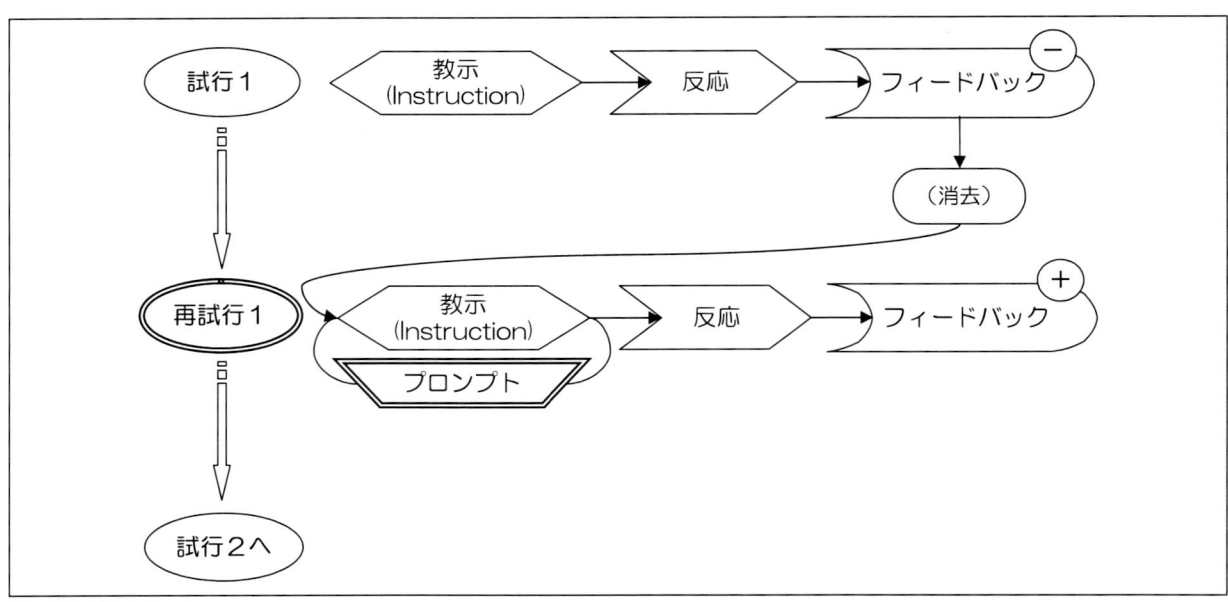

図4　リトライの概念図

（c）手がかりの付加（プロンプト法）

トレーニング期では、支援者が行う指示を必要に応じて変化させたり、様々な手がかり（プロンプト）を加えることで、対象者が的確に作業できるよう促すことができる。一般的に付加される手がかりの例を図5に示した。

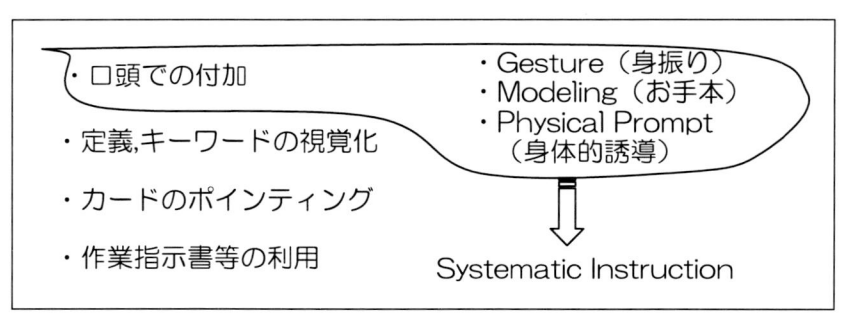

図5　手がかりの付加の例

MWSを実施する中で与えられる手がかりは、その対象者が正確な作業を遂行する際に不可欠な補完方法であることも多い。どのような手がかりが、対象者の状況に適しているのかを探索的に特定し、確実な作業遂行を維持できるよう支援することが必要である。

（d）補完方法（補完行動／補完手段／他者による指導・支援）

　補完方法は日常生活や職業生活を送る上で、個々の障害を補い自立的な行動を取るための基礎となるものである。職業リハビリテーションを進める上で、対象者の障害に合わせて補完方法を取り入れることは重要であるが、一方で自己の障害認識が十分でなかったり周囲の障害理解が適切でない場合には、補完方法がうまく機能しないことも考えられる。

　そのため、トータルパッケージでは、様々な補完方法を、①対象者自身が行動することで自分の障害を補う「補完行動」（表7）、②作業環境を構造化する時に物品を用いる「補完手段」（表9）、さらに③それらの補完行動や補完手段の確立や維持、般化を図るために行う「他者による指導・支援」（表8）の3種に分類した。また、これらの3種のそれぞれを作業実施前に行う「先行条件」、作業実施中に行う「行動支援」、作業実施後に行う「後続条件」に分類し補完方法を選択的に検討できるよう工夫している。

　補完行動や補完手段には、特定のMWSだけで用いられるものと、いくつかのワークサンプルで共通して使えるものがある（表7、表9）。また、他者による指導・支援については、正確な作業遂行や効率の良い作業の実施、あるいは補完行動・補完手段の使用の確立を促進するために行う指導・支援の内容と、それらを行うタイミングを整理した（表8）。例えば、エラー内容のフィードバックを見ると、フィードバックの方法を大きく二つに分けて示している。一つは、1試行ごとに丁寧に間違いを指摘する方法であり、もう一つは、1ブロックごとに間違いを伝える方法である。正確性を高めたり、障害受容を培うことを目的にする場合には1試行ごとのフィードバックが、作業効率を上げることを目的とする場合には一定の単位（ブロック）ごとのフィードバックが適切と考えられる。

　また、補完方法は、作業や対象者のエラーの内容や発生状況に合わせて調整し、用いることが基本である。表10にMWSの各ワークサンプルで見られるエラー内容の定義の一覧を示した。

　MWSを用いた支援の実施過程では、補完行動、補完手段、他者からの指導・支援の組み合わせによりエラーの減少に結びつく条件を検討していくことが必要であり、条件探索にあたっては徐々に自立的作業が行えるよう段階的に導入するよう工夫している。さらに、エラーと補完方法等の関連性を十分に検討するためには対象者のエラーの傾向や状況、想定される職場環境、対象者の障害受容の程度等、複雑な要件についても検討を行う必要がある。

　これらの点を考慮して、トータルパッケージでは補完方法の選択にあたって配慮すべき事項を次のように整理している。
　a）エラーの内容のみでなく、エラーの発生状況に応じて選択すること。
　b）対象者が自分自身で継続的に用いることができる方法を選択すること。
　c）職場でも補完方法が活用でき、他者からも受け入れやすいものを選択すること。
　d）対象者が補完方法等の実施について、比較的抵抗を感じない方法を選択すること。
　これらの方法は、ひとりひとりの対象者の学習段階や指導状況によって異なり、支援者の判断に応じて柔軟に組み合わせることで、対象者に適した指導・支援が実施できるようになるものと考えられる。

表7　MWSで用いる補完行動の分類と内容

		先行条件					後続条件						
		読み上げ			目視		ポインティング	レ点チェック	復唱	復唱			
		①	②	③	①	②				+ポインティング	+レ点チェック	+ポインティング+レ点チェック	
OA作業	数値入力	作業のポイントを読み上げる（ポイント＝本人のエラー傾向に応じた重要事項）	作業手順を読み上げる	入力前・中に読み上げして見直す	入力中もしくは入力後に目視で見直す	入力中と入力後に目視で見直す	実施後に再度ポインティングしながら見直す		実施後に復唱して見直す	入力後、復唱しながらポインティングして見直す			
	文書入力												
	コピー&ペースト				操作中もしくは操作後に目視で見直す	コピー元の範囲指定とコピー先の指定位置を確認する							
	検索修正			入力前・中に読み上げして見直す	入力中もしくは入力後に目視で見直す	入力中と入力後に目視で見直す		実施後に再度チェックしながら見直す	実施後に復唱して見直す	入力後、復唱しながらポインティングして見直す	入力後、再度復唱をしながらチェックして見直す	入力後ポインティングし復唱しながら、チェックして見直す	
	ファイル整理						実施後に各フォルダを開いて再度ポインティングしながら見直す		実施後に各フォルダを開いて再度復唱し見直す	実施後に各フォルダを開いて再度ポインティングしながら復唱し見直す			
事務作業	数値チェック	作業のポイントを読み上げる（ポイント＝本人のエラー傾向に応じた重要事項）	作業手順を読み上げる	実施前・中に読み上げして見直す	実施中もしくは実施後に目視で見直す	実施中と実施後に目視で見直す	実施後に再度ポインティングしながら見直す	実施後に再度チェックしながら見直す	実施後に復唱して見直す	実施後、復唱しながらポインティングして見直す	実施後、復唱しながらチェックして見直す	納品書の該当箇所をポインティングしチェックしながら見直す
	物品請求書作成											条件をポインティングしチェックしながら見直す
	作業日報集計											集計箇所をポインティングしチェックしながら見直す
	ラベル作成				入力中もしくは入力後に目視で見直す	入力中と入力後に目視で見直す				入力後、復唱しながらポインティングして見直す	入力後、復唱しながらチェックして見直す	打ち出したラベルをポインティングしながら条件をチェックし見直す
実務作業	ピッキング	作業のポイントを読み上げる（ポイント＝本人のエラー傾向に応じた重要事項）	作業手順を読み上げる	実施前・中に読み上げして見直す	実施中もしくは実施後に目視で見直す	実施中と実施後に目視で見直す	実施後に再度ポインティングしながら見直す	実施後に再度チェックしながら見直す	実施後に復唱して見直す	実施後、復唱しながらポインティングして見直す	実施後、復唱しながらチェックして見直す	条件をポインティングし復唱しながら、チェックして見直す
	重さ計測											
	ナプキン折り								実施後に復唱して見直す	実施後、完成品を見て確認する		
	プラグ・タップ組立											

― 理論編 ―

表8　MWSで用いる他者による指導・支援　※原議には添付せず

	先行条件			行動支援						後続条件					
	作業の手順上における ポイントの説明			誤りが生じやすい工程の 集中訓練			行動連鎖を形成する （作業手続きの定着）			ミス内容の フィードバック		自己チェック後、他者 による最終確認		作業結果を 強化する	
	①	②	③	①	②	③	①	②	③	①	②	①	②	①	②
全ワークサンプル共通	確認をするように伝える	ミスや手順について対象者と協議し、補完手段を決定する	有効な補完手段を提示し、選択させる	1ブロック実施ごとに誤りのフィードバックをした後、リトライする	エラー箇所の元データに矢印のプロンプトを提示する	エラー箇所の入力データのセルの背景色が反転する	課題分析に基づく作業手順のポイントを口頭説明し、結果を即時フィードバックする	課題分析に基づき作業手順のポイントを口頭と適宜視覚的に提示し、結果を即時フィードバックする	②と同様の手続きに、本人に適した補完手段を作成、活用する	対象者のミスの内容を伝える	対象者のミスの傾向を伝える	1ブロック実施ごとに正誤のフィードバックをする	1試行実施ごとに正誤のフィードバックをする	作業結果を具体的にほめる	適切な補完手段の使用についてほめる

表9　MWSで用いる補完手段

		先行条件						行動支援			後続条件		
		作業位置の変更等①	作業工程のポイント化①	作業工程のポイント化②	作業工程のマニュアル化①	作業工程のマニュアル化②	作業工程のビジュアルマニュアル化	作業ポイントの随時確認	作業工程の随時確認	小道具を使用する①	小道具を使用する②	作業位置の変更等②	マニュアル化した手続きのチェック
OA作業	数値入力	入力画面のサイズ変更をする	作業のポイントを付箋等に記入し提示する	作業のポイントをメモリーノートの重要事項に整理して記入する	作業の手順書を作成する	作業の手順等をメモリーノートの作業内容記入表を用いて整理する		付箋等やメモリーノートに整理した作業ポイントを随時確認しながら作業する	作業手順書やメモリーノートに整理した作業工程を随時確認しながら作業する	画面上の注意箇所に定規と同様の目印を置く	セルフチェックシートを使って結果を確認する		手順書にチェックを入れる
	文書入力									辞典等を使用する			
	コピー＆ペースト												
	検索修正									画面上の注意箇所に定規と同様の目印を置く			
	ファイル整理				各ファイルの分類書を作成する	分類内容をメモリーノートの重要メモを用いて整理する		分類書やメモリーノートに整理した分類内容を随時確認しながら作業する		ファイル名を付箋等に記入する			分類書にチェックを入れる
事務作業	数値チェック	用紙を重ねて行う									用紙を重ねて確認する		
	物品請求書作成	品名カードをカタログの近くに持っていく	作業のポイントを付箋等に記入し提示する	作業のポイントをメモリーノートの重要事項に整理して記入する	作業の手順書を作成する	作業の手順等をメモリーノートの作業内容記入表を用いて整理する		付箋等やメモリーノートに整理した作業ポイントを随時確認しながら作業する	作業手順書やメモリーノートに整理した作業工程を随時確認しながら作業する	定規を使う	セルフチェックシートを使って結果を確認する	品名カードを作成した物品請求書の近くに持っていく	手順書にチェックを入れる
	作業日報集計	作業日報集計表と作業日報の文言を同じにする										作業日報集計表と作業日報の文言を同じにする	
	ラベル作成	課題カードを液晶画面の近くに持っていく							市販のマニュアルを使用する			作成したラベルを課題カードの近くに持っていく	
実務作業	ピッキング	商品を取り出した棚を空けたままにし、確認しやすくする						付箋等やメモリーノートに整理した作業ポイントを随時確認しながら作業する	作業手順書やメモリーノートに整理した作業工程を随時確認しながら作業する	対象者の特性に応じて、指示内容と結果を記入できる用紙を作成する	セルフチェックシートを使って結果を確認する		手順書にチェックを入れる
	重さ計測		作業のポイントを付箋等に記入し提示する	作業のポイントをメモリーノートの重要事項に整理して記入する	作業の手順書を作成する	作業の手順等をメモリーノートの作業内容記入表を用いて整理する							
	ナプキン折り	折り目のつきやすいナプキンに替え作業する					ビジュアルマニュアルを見る			必要性に応じ治具を用意する		見本・完成品と比較して作業結果を確認する	
	プラグ・タップ組立	主たる作業手の状況に合わせて部品の並びを調整する											

表10 エラー内容定義の一覧

	ワークサンプル名	エラー内容	定義
OA作業	数値入力	数値入力エラー	打鍵ミスや数字の入れ替えなど、見本と異なる数字や小数点の入力
		行ズレ	行が違うセルへの入力
		不足・過剰	入力数字等の不足もしくは過剰
		見落とし	特定の位の見落とし
		その他	作業途中でのOKの押下など
	文書入力	文字入力エラー	単純なキーボードの入力ミス、変換ミス、転記ミス、文字サイズ（全角／半角）のミス
		不足・過剰	文字・記号・句読点が多いもしくは少ない
		その他	スペースのミス、作業途中でのOKの押下など
	コピー＆ペースト	範囲指定エラー	コピーするセルや文書の範囲のズレ
		貼り付けエラー	ペースト先の定められていない箇所に貼付
		操作エラー	コピーや貼り付けができない
		その他	レベル4のウィンドウ切り替えができない、作業途中でのOKの押下など
	検索修正	検索条件エラー	Personal IDの入力ミス
		詳細入力エラー	誤字脱字、半角全角、スペースなどの修正項目の入力ミス
		その他	パソコンの操作ミス、作業途中でのOKの押下など
	ファイル整理	分類エラー	ファイルの分類先のミス
		分類途上エラー	フォルダへの移動が大項目のみで終わっている
		その他	作業途中でのOKの押下など
事務作業	数値チェック	見落とし	数字の見落とし
		見落とし位置	見落とし位置の偏り（例：1桁目）
		過剰修正	修正の必要ない数字の修正
		その他	転記ミス、合計金額のミス、手続き上のミス（例：担当者名の記入もれ）など
	物品請求書作成	条件見落とし	検索条件の見落とし
		検索エラー	指定物品以外の記入
		転記エラー	品番、値段、個数、計算の転記時のミス
		計算エラー	加算のミス、乗算のミス
		その他	記入漏れ、品番の指定間違いなど
	作業日報集計	転記エラー	記入欄のミス、数値の写し間違い
		加算エラー	足し算の計算ミス
		除算エラー	割り算の計算ミス（不良率を出す際のミス）
		集計エラー	日報の集計ミス、集計忘れ
		その他	四捨五入ミス、位取りのミス、％の換算忘れ、0の記入忘れ、総計の忘れなど
	ラベル作成	入力エラー	文字の入力ミス、文字抜け、過剰スペースなど
		条件見落とし	外枠をつけ忘れ、飾り字の設定忘れなど
		操作エラー＊	操作法の忘却（段落設定・割付など）
実務作業	ナプキン折り	手順の誤り	折り手順をとばす、基本的な折り方が間違っているなど
		手順の忘却	折り手順が分からなくなる
		折りのズレ	折り幅がずれる、左右の分量が不均等
		方向の誤り	ナプキンの表裏を逆にする、折りの方向が間違っているなど
		その他	課題提示用ビデオに注意を向けていない、基本的な折り方が理解できないなど
	ピッキング	品物選択エラー	注文書に指示されている品物の取違い
		数量エラー	（レベル1～3の場合）注文書に指示されている品物の個数の過不足、数え方の単位が理解できない
			（レベル4の場合）注文書に指示されている品物の量の選択ミス
		見落とし	注文書に指示されている品物の取り忘れ
		計算エラー	（レベル5）計算ミスによる量の誤り
		その他	品物を入れるためのビニール袋しか持ってこない
	重さ計測	指定範囲の忘却	支援者に計測範囲を聞きなおす
		指定範囲外の計測	
		①範囲の忘却	指定範囲の忘却による指定範囲外の計測
		②範囲の勘違い	指定範囲の勘違いによる指定範囲外の計測
		③範囲の聞き違い	指定範囲の聞き違いによる指定範囲外の計測
		④計測器の使い方	計測機器の使用ミスによる指定範囲外の計測（風袋処理をしていない）
		使用種類の不足	（レベル3～5）大中小いずれかのボルトが欠けている
		物品選択エラー	（レベル1～2）赤砂と白砂を誤って計測する
		その他	計測せずに終了報告をする(指示のメモ取りのみ)、物品の選択ができない、計算ができないなど
	プラグ・タップ組立	取り付けエラー	金属片の取り付け方向が逆、部品の取り付け位置のミス
		部品エラー	部品の取り違え
		部品忘れ	部品のつけ忘れ
		工程エラー	工程内容を忘れる、工程が誤っている、工程をとばしている
		その他	組立個数のミス、ドライバーの操作が不自然など

＊テプラの出力後にミスに気づいて自己修正した場合は正答としている

―理論編―

表10-2 改訂したワークサンプルのエラー内容定義一覧

		エラー内容	定　義
OA作業	数値入力	数値入力エラー	見本と異なる数字の入力、小数点の位置の間違い
		行ズレ	行が異なるセルへの入力
		過剰	入力した数字の過剰、小数点の過剰
		見落とし	入力した数字の不足、小数点の漏れ、特定の位の見落とし
		その他	作業途中での［OK］のクリックなど
	検索修正	検索条件エラー	PersonalIDの入力ミス、PersonalIDの未入力
		詳細入力エラー	修正項目の入力ミス（誤字脱字、半角全角、スペースなど）、「備考」以外の修正項目の見落とし
		備考の見落とし	備考欄の未入力　※備考欄の入力エラーは、詳細入力エラーに含む
		その他	パソコンの操作ミス、作業途中での［OK］のクリックなど
事務作業	数値チェック	見落とし	修正すべき数字の見落とし
		転記エラー	修正（転記）した数字の誤り
		過剰修正	修正の必要がない数字の修正
		その他	納品書の修正、合計及び合計金額のミス、訂正線のミス、カンマのミス、正しい金額を備考欄以外に記載など
	物品請求書作成	転記エラー	品名、品番、個数、単価、計の転記時のミス
		計の計算エラー	加算のミス、乗算のミス
		検索エラー	指定物品以外の記入
		条件エラー	検索条件の見落とし（例）色の指定などの記入漏れや誤り、サイズを示す記号の誤り
		その他	「グリーン」の記入漏れ（レベル6のみ）、金額のカンマの未記入・位置のずれなど
実務作業	ピッキング	品物選択エラー	注文書に指示されている品物の取り違い
		数量エラー	（レベル1～3）注文書に指示されている品物の個数の過不足、数え方の単位が理解できない（レベル4）注文書に指示されているサプリ瓶の量の選択ミス
		見落とし	注文書に指示されている品物の取り忘れ
		計算エラー	（レベル5～7）計算ミスによる量の誤り
		その他	小さい文具を袋に入れずに持ってくること、検索不可能など

※エラー内容の定義の詳細は、各ワークサンプルの実施マニュアルを参照

（ウ）MWSの結果の活用

　MWSの実施により得られた結果の解釈を適切に行うためには、対象者の状況を前提に、各ワークサンプルの特徴や、一般参考値等の比較データを示す資料等を活用することが望ましい。これらの情報を総合的に捉えて得られた情報は、必要な職業リハビリテーション・サービスの検討に役立つだけでなく、実際の事業所での職務の設定や再設計等にも役立つ。

（a）データの読み方、整理の仕方

　データは、対象者の作業遂行の安定性についての状況を読み取る手がかりとなる。対象者の作業遂行が高い水準で安定しているか、低い水準で安定しているか、あるいは時々正答率が下がったり極端に作業が遅くなるなどのように、作業遂行の水準が不安定であるかによって支援の内容や方法が変わってくる。例えば、作業が高い水準で安定している場合には維持を目指し、低い水準で安定している場合には何らかの補完方法の学習を支援する。また、作業遂行の水準が不安定な場合には、その原因を特定し、必要な対処ができるように支援する。例えば、対象者が作業継続時間が1時間を過ぎるとエラーが多発する場合には適切な休憩の取り方を、昼休みの直後などにエラーが見られた場合には、作業開始時の自己教示の徹底を図るなどの学習を支援する方法が考えられよう。

　このような学習を支援する場合に、支援者の支援に伴い正答率や作業時間が改善されていれば支援効果があったと判断できるし、これらのデータに変化がなければ支援効果がない指導方法だと考えなければならない。また、支援の後半では、徐々に支援を減じていくことが多いが、この時、データの安定性が支援により維持されているのか、対象者自身のスキルで維持されている（セルフマネージメント）かの見極めも重要である。

　これらをデータから読み取るためには、データを試行ごとに時系列に整理し、グラフ化することが有効である。グラフ化した際に、どのような支援をどこで行ったのか、対象者の行動の大きな変化がどこで見られたのかを付帯情報として記録しておくとより正しい読み取りが可能となる。

（b）訓練の開始と訓練効果の把握

　最初のベースライン期にどのようなエラーが生じるかは、トレーニング期の指導・支援の内容を検討する際に必要な情報である。少なくとも2ブロック、できれば3ブロックは連続して実施し、対象者の行動傾向の把握に努め、トレーニング期に移行することが望ましい。

　トレーニング期でのデータの安定が図られたと判断するのは、例えば正答率100%が2ブロック、できれば3ブロック連続して得られた場合が適当であろう。このようなデータとなった場合にトレーニング期からプローブ期に移行する。

（c）MWSにおける結果のまとめ方

　MWSでは、作業結果を明確に把握できるよう、全てのワークサンプルで正答率の計算方法やエラー内容を定義している。OA作業については、対象者の反応はエラー内容等も含めて自動的に記録され、ファイルへの書き出しを行うことでグラフ化することもできる（図6参照）。事務作業と実務作業については、各作業の採点基準に基づき採点し、その結果を表計算ソフトの「MWS訓練版　結果入力用シート（本マニュアルに添付されている『MWS活用のためにCD-ROM』に収録）」へ入力することで、OA作業と同様にグラフ化することができる。

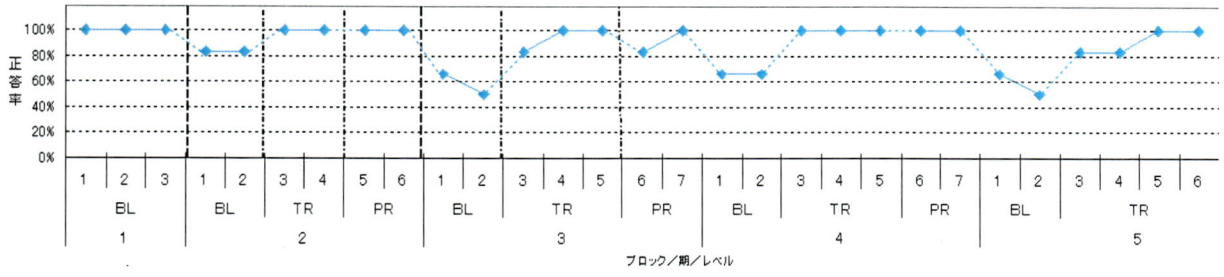

図6　MWSの結果例

> 図中の「ブロック」は実施したブロックの数である。「ブロック」は正答率計算の基本となる作業単位であり、多くの作業では6試行を1ブロックとしているが、トレーニング期以降では対象者の状況に応じて、1ブロックあたりの試行数が増減する場合がある。図中BLは訓練前のベースライン期、TRはトレーニング期、PRは訓練後のプローブ期を示す。図中の「レベル」は、各ワークサンプルに設定された作業の難易度を示している。レベル数はワークサンプルごとに異なるが、多くは5段階であり、一部4ないし6段階に設定されている。

（d）データの保管と利用

　MWSから得られる対象者のデータは、対象者が職務を遂行する上で必要となる様々なスキルを身につけていった過程を示す重要な資料である。また、MWSによる評価や支援の中で見られたエラーパターンや補完方法の確立過程等の情報は、トータルパッケージ以降の職業リハビリテーションの展開に役立つものである。これらのデータの蓄積は、対象者が、職務上必要なスキルの再学習が必要になったり、新たな職務や環境に適応しなければならなくなった時に、適切な研修や支援のあり方を示すデータとなり得る。そのため、ローデータについては、時系列的に蓄積し、その上でワークサンプルごとにデータを再整理する等の工夫が必要である。

　この場合、MWSの実施結果等のデータは、個人情報に係わるものであるため、その保管と利用には細心の注意を払うことが必要である。

(エ) フィードバック・相談

　MWSは対象者に対し、あえて様々な課題を具体的に投げかけることにより、支援者と対象者が協力しながら課題への解決策を見いだしていく方法である。しかし、精神障害や高次脳機能障害などをはじめとして障害認識が確立されにくい障害では、課題が具体化することで、対象者がショックを受けたり、心理的に不安定になることも十分に想定されなければならない。そのため、結果のフィードバックや相談の機会は、MWSにおいては非常に重要なものである。ここでは、MWSにおけるフィードバックや相談のポイントを整理する。

（a）リアルフィードバック

　MWSを実施する中で様々な障害の状況やその影響が明らかになってくる。これらの結果を実態として、的確に対象者自身にフィードバックすることが重要である。また、適切なフィードバックは、後の同じような行動の機会に、望ましい行動を増加させたり、不適切な行動を減少させることにつながる。このような効果が十分に発揮できるよう、フィードバックを行う際には次のような点に注意すべきである。

a) フィードバックは、できるだけ対象者の行動の直後に行うこと。
b) フィードバックは、具体的な行動を特定し望ましいものかどうかを的確に伝える（誉める）こと。
c) フィードバックは、適切な行動を取るまで努力してきたことも含めて伝える（誉める）こと。

このようなフィードバックを「リアルフィードバック」と呼ぶ。

（b）不安感・喪失感への対応

　MWSの対象者は、自分自身の行動や作業の結果、リアルフィードバック等から、様々な課題が具体化されることになる。また、これらの機会に対象者は、自分の障害状況に直面するだけでなく、障害のある自分に対し適切に対応することが求められる。しかし、以前の自分の持っていた能力を失ったことへのショックや障害に直面することそのもの、また、自分への特別な対応を受け入れられず、自分の存在の是非を不安に感じたり、その対応で自分自身の障害が本当に乗り越えられるのかなどの不安感を持っていることも多い。

　MWSでは、このような不安感を軽減し、適切な障害認識を促進できるよう、十分なフィードバックや相談を行うことが必要となる。対象者が抱きがちな不安感・喪失感を、セルフマネージメント・トレーニングの中で適切な対処方法を着実に身につけているという獲得感に変えていくように指導・支援していくことが重要である。

（c）成功体験への対応

　獲得感を促進するため、日々の活動の中でうまくできたことに焦点をあて、一つ一つの成功体験を明確にするという方法がある。また、作業中やその他の場面でも、対象者にとっての課題をうまく乗り越えることができた場合には、その都度フィードバックを与えることも重要である。

　このような日々のフィードバックや相談の中で、成功体験を繰り返し言語化することは、対象者の障害認識を促進するだけでなく、支援者と対象者が新たな課題に取り組む際の意欲や具体的な方法の検討に役立つものである。

（d）セルフモニタリング・セルフレインフォースメントの徹底

　支援者が成功体験を意識的に言語化しフィードバックしても、対象者がこれを受け止めていなければ、不安感・喪失感を軽減し障害認識の促進につなげることはできない。そのため、対象者自身が、自分の成功体験を十分に味わえるよう、フィードバックや相談の機会に、セルフモニタリングやセルフレインフォースメントを徹底させるよう支援することが必要である。

　適切な行動に対し支援者がフィードバックを行った際には、必ず、対象者自身の認識も確認し適切な行動を取った自分自身を誉めるよう促すことが重要である。

（e）面接・相談によるフィードバックと目標の設定

　MWSは作業遂行力の向上についても、補完方法やストレス・疲労への対処行動の確立についても、セルフマネージメントを促進する方向で段階的な指導・支援を行っている。これらの段階はひとりひとりの対象者の状況に応じて設定されるものであるが、今、対象者がどの段階にいるのか、次はどのような目標に進むのかが、明確に示されている必要がある。この目標の設定が明確であり、また自分自身で調整が可能であることが対象者自身の意欲の安定につながる。そのため、面接や相談の機会に、現状の段階での達成具合をフィードバックし、次の目標について対象者と支援者が共に検討しながら決定していくことが望ましい。このとき、目標の高さを上げすぎず、確実にクリアーできるように積み重ねることが重要である。

（2）MWS実施の際の留意点

（ア）MWS導入のポイント……対象者のニーズに応じたMWSの導入……

　MWSの導入にあたっては、支援者は、これまでに示したような概要等に加え、一つ一つのワークサンプルについての一定の理解が必要となる。具体的には、実施マニュアルを用いて、各ワークサンプルの構成物品や作業手順、指示内容等の作業内容について知識を持つことは必須である。また、各ワークサンプルには作業指示書が整備されているので必要に応じて活用することができる。

―理論編―

　MWSには、様々な種類の、また様々な難易度の作業種が含まれており、様々な目的に応じて活用することができる。MWSを実施する際には、対象者のモチベーションや積極的な態度が必須であるため、ひとりひとりの対象者が持っているニーズに応じた導入を心がけなければならない。例えば、障害の状況からOA作業での就労が難しいと考えられる場合でも、対象者自身がOA作業の体験を希望するのであれば、その機会を持てるよう配慮することが必要である。また、短時間の作業では作業上の問題が生じにくいが、長時間の作業ではどのような問題が生じるかが不明な対象者の場合には、対象者の同意を得て長時間作業に取り組むことが必要な場合もあろう。このような様々なニーズに対し、MWSを実施する場合には、その選択や導入、実行について、対象者の自己決定を尊重できるよう十分な相談の機会を持つことが重要である。

（イ）MWS作業選択のポイント
　支援者がMWSを対象者の状況や目的に応じて選択する場合の一つの指針として、障害種別ごとの大まかな傾向を整理する。
　まず、高次脳機能障害や統合失調症やうつ病等の精神障害の中途障害の場合には、受障前後に職歴を持つ者も多く、また知的な障害を伴わない対象者も多い。このような対象者の場合には、就労もしくは職場復帰を目指す際に幅広い作業領域を検討することが多く、事務作業やOA作業などを含めた作業の選択が考えられる。一方で、知的障害や知的障害を伴う発達障害では、実務作業や簡易なOA作業等に作業領域を限定して考えることが望ましい場合も多い。
　支援者は、このような障害特性による傾向に配慮しつつ、ひとりひとりの対象者の状況を見てワークサンプルを選択することが望ましい。

（a）作業レベルの段階的設定
　MWSでは多くの対象者の障害状況に対応できるよう作業分類及びワークサンプル内に難易度を設定し、柔軟に組み合わせたり、段階的に実施できるよう工夫されている。

① 作業分類内の難易度
　MWSでは、OA作業・事務作業・実務作業それぞれにおける難易度を次のように想定している。
OA作業：（入力作業）　①数値入力　→②文書入力　→③検索修正
　　　　　（パソコン操作）　①ファイル整理　→②コピー＆ペースト
事務作業：①数値チェック　→②物品請求書作成　→③作業日報集計　→④ラベル作成
実務作業：①プラグ・タップ組立　→②重さ計測　→③ピッキング　→④ナプキン折り

②ワークサンプル内の難易度
　MWS訓練版は、訓練課題として用いることを前提に作成されている。ワークサンプルを訓練で用いる場合には、着実に学習が促進されるよう、対象者の能力や経験に応じて学習段階を柔軟に設定したり、段階的な課題の提示が必要となる。
　そこで、MWS訓練版では各ワークサンプル内についても難易度を設定している。
　「コピー＆ペースト」や「ナプキン折り」「プラグ・タップ組立」では主に作業工程数の増加によりレベルを設定している。「数値チェック」や「数値入力」「文書入力」「ファイル整理」では、主に処理しなければならない情報量の増加がレベルの目安となっている。また、「物品請求書作成」や「作業日報集計」「ピッキング」「ラベル作成」「検索修正」では、情報処理の複雑さや認知的負荷（一時的に記憶しなければならない情報量、注意配分数、確認箇所数等）の増加がレベルに影響する要因となっている。さらに、「重さ計測」では、正答のチャンスレベル（偶然に正答となる確率）の調整によりレベルを設定している。
　また、あるワークサンプルでレベルを変えずに作業する場合でも、作業の量や継続時間によって、対象者にかかる負担を調整することができる。
　このようなワークサンプル内のレベルを調整し、対象者の状況に応じて提供することにより、

作業耐性の向上やストレス・疲労のセルフマネージメントスキルの向上を図る場合に効率的な支援を行うことができる。

（b）ストレスの少ない作業場面の設定

対象者の中には、日々障害の現れを怖れながらも自分の障害を受容することができず、不安定な心理状態となっている者もいる。このような対象者に対し、レベルが高く誤りが生じがちなワークサンプルを、作業結果のフィードバックもなく実施すると、過剰なストレスが生じる可能性が高い。そこで、対象者が確実に正確に作業できる課題から始め、訓練前のベースライン期を省略し、トレーニング期からMWSを実施することにより、100％の正答率であることを繰り返しフィードバックすることが可能となり、エラーや不安感の発生を抑制することができる。この方法は、対象者の不安を軽減し、自信の回復を促すには役立つが、一方で各ワークサンプルやレベルでの訓練効果を明確に把握できないという点について考慮しておく必要がある。

（ウ）MWS作業決定のポイント

MWSはワークサンプルによってレベルや作業量等が異なるため、対象者にかかる作業時の負荷も異なる。また、MWSは結果が、数値等により明確に現れるため、作業結果によっては対象者のモチベーションの低下等を招くような事態となることも考えられる。そのため、ワークサンプルの決定方法には十分な配慮が必要である。

訓練課題として実施するワークサンプルを決定する方法には、対象者が決める、対象者と支援者で相談して決める、幾つかを実施し改めて検討する等が考えられる。

（a）対象者が決める

この方法は、MWSの導入方法として第一に推奨される方法である。この方法では、対象者の自発性を尊重しひとりひとりの興味・関心、各ワークサンプルに対するモチベーション等に配慮し、自己決定を促すことが望ましい。また、全てのワークサンプルからの決定が難しい場合には、幾つかの候補を選択肢として提示し、自己選択を促すことも有効である。

（b）対象者と支援者で相談して決める

この方法は、作業に関する知識が乏しかったり、作業全般について自信を失っていたり、自己の障害状況を十分に理解していない場合などに適した方法である。この方法では、各ワークサンプルで求められるスキルや難易度、作業負荷等の情報を支援者から提供した上で、実施可能と思われるワークサンプルの選択肢を提示し、対象者がモチベーションを持って取り組めるようワークサンプルの選択を促すことが望ましい。

（c）幾つかを実施し改めて検討する

この方法は、対象者に係る負担が大きくなる可能性があることから、推奨される方法ではないが、対象者が自己の能力を十分に把握できておらず、また支援者も対象者の作業能力を把握・評価する必要がある場合には有効な方法である。この方法では、MWS簡易版等の比較的短時間で実施できるワークサンプルを用い、難易度の低いワークサンプル（「数値入力」や「数値チェック」「重さ計測」等）から実施し、作業能力の把握・評価を行う。また、難易度の高い作業で対象者への負荷が大きいと判断された場合に、作業の中止を検討することも視野に入れる必要がある。

また、この方法では、当初に実施した作業結果を対象者と共に検討・相談し、訓練課題とするワークサンプルを決定することが望ましい。

（エ）MWS活用のポイント
（a）MWS活用のための計画の策定

MWSは、様々な作業種の体験や初期評価、作業遂行力向上のための支援、作業上必要な補完

―理論編―

方法や対処行動の確立、作業やストレス・疲労へのセルフマネージメントスキルの確立など、活用の仕方によって様々な機能を発揮するワークサンプルである。また、MWSから得られた結果は、事業所における対象者の職務や配置、研修方法、能力開発等について有効な情報を提供する。

MWSのこれらの機能を十分に発揮するためには、職業リハビリテーション・サービスのどの段階で、何を目的に実施するのか、その結果をどのように活用するのか等について、あらかじめ検討し計画しておくことが必要である。

(b) 職業場面を想定したMWSの構造化

就職や職場復帰に向けた支援などでは、MWS訓練版のワークサンプルの中から、対象者が職場で従事する職務と関連の深いものを中心に選択し、構造化した訓練場面を設定することができる。MWSの構造化を実現するためには、まずMWSに含まれるスキルを整理しておく。次に、想定される職務の職務分析の結果と整理したスキルを照らし合わせ、それぞれの作業に必要なスキルを特定し、そのスキルを含んでいるワークサンプルをMWSから選択する。この取り組みにより、最も習得が容易な下位のスキルから習得が困難な高位のスキルまでを計画的かつ効率的に積み重ねカリキュラムを構成することが可能となる。MWSの構造化による職業場面の想定は、完全なオーダーメイド方式で職務内の作業教材を作成するコストを、大きく軽減することに繋がる。

図7にMWSの構造化のイメージを示した。図7ではまず、MWSの構造化の中で、数値チェックを実施しskill A（例えば、照合スキル）について必要な補完方法の確立も含めて訓練を行う。次に、数値入力や文書入力を活用してskill B（例えば、正確な数字の入力）やskill C（例えば、正確な仮名漢字等の入力）、あるいはskill D（例えば、キーボードの弁別や文字入力ソフトの使い分け）について訓練を行う。

これらの構造化されたMWSによる支援の中で基礎となるスキルを確立した後、例えば事業所における実習等でtask Aの作業指導を行うことを想定した場合、この作業が「データベース情報

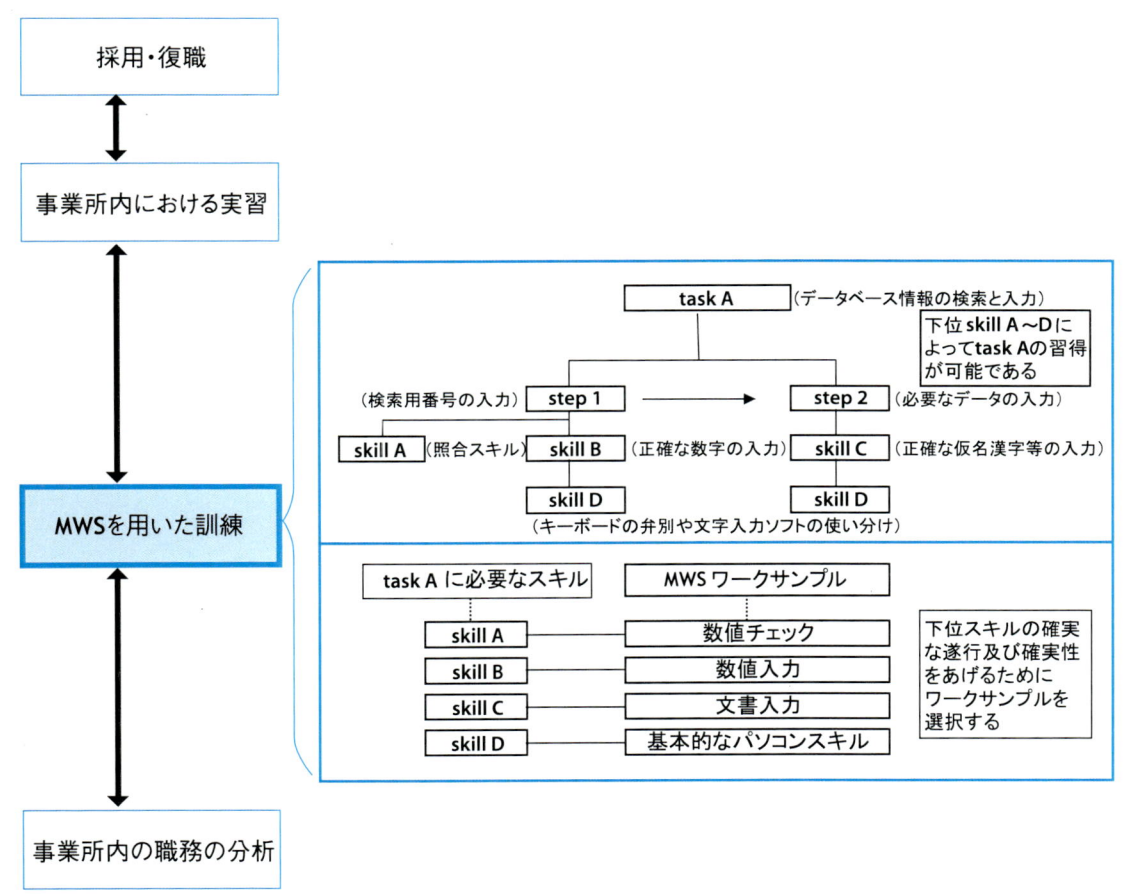

図7　MWSの構造化のイメージ

の検索と入力」となる。**step 1**は「検索用番号」の入力であり、**step 2**は「必要なデータの入力」となる。つまり、**step 1**では番号の「照合」と「適切な数字の入力」が、**step 2**では「適切な仮名漢字等の入力」が行われる。

　このように対象者が従事する予定の職務に向けて、幾つかの作業を段階的に組み合わせ、徐々に一つの職務に向けた適応を図る方法が、**MWS**の構造化による支援である。

（c）環境の構造化

　トータルパッケージでは、これまで述べてきたように多くのスキルの獲得を目指しているが、これらのスキルの獲得や維持、般化をスムーズに進めるためには、段階的な環境設定が重要である。例えば、作業に関するセルフマネージメントスキル獲得に向けた指導・支援を行う際に、これまでの経験を考慮せず、唐突に複数の作業について一日単位でマネージメントするよう求めても、その達成は難しい。これらのスキルの獲得には、比較的目的が単純で明解に構造化された環境から始め、徐々に複雑な環境へと移行するよう計画する必要がある。

　また、補完方法やセルフマネージメントスキル、ストレス・疲労への適切な対処行動等を確立しても、職場内で受け入れられなければ、それらは機能しない。それらのスキルが機能するためには、職場内の人的支援体制も含めた職場内の環境の構造化が必要である。

　トータルパッケージでは、対象者ごとに必要とされるスキルを的確に把握し、どのような環境の構造化が必要なのかを特定しておくことが重要である。トータルパッケージの訓練の場面では、トータルパッケージにおいて構造化を行うだけなく、常に次の段階の職業リハビリテーション・サービスを意識し、実際の職場でも指導・支援の結果が機能するよう環境の構造化を検討しなければならない。

―理論編―

第3章　MWSの活用に向けて

1．他のツールとの有機的な関連

　MWSはトータルパッケージの中核的なツールであり、対象者に対する指導・支援の効果を常に把握・評価し、効果的・効率的な職業リハビリテーション・サービスを行えるよう工夫されている。

　しかし、MWSだけでは、トータルパッケージとしての機能を十分に果たすことはできない。MWSは、WCSTやM-メモリーノート、MSFAS等の結果と照らし合わせ、対象者の障害状況や補完方法の学習状況、ストレス・疲労の現れ方や対処行動の変化等を再度整理することで、さらに有意義なものとなる。また、トータルパッケージに含まれるツール群だけでなく、過去の職歴や教育・訓練歴、医学的リハビリテーションの経過、知能検査や各種心理検査、面接・相談等の結果など、多面的な個人情報とも照らし合わせ、個々のニーズについて十分な検討を行い、職業リハビリテーション・サービスを提供するよう心がけることが望ましい。

　これらの情報を整理することでトータルパッケージ全体の効果を向上させるだけでなく、引き続き指導・支援が必要となるのかどうか、どのような指導・支援が効率的なのか等、職業リハビリテーション・サービスの充実につなげることが可能となる。

（1）MSFASとの活用

　MWSでは、職場で生じる様々な課題を特定し、それらの課題への対策を対象者が身につけられるよう、対象者に対し負荷をかけていくことも多い。そうした中で、支援者と対象者がストレスや疲労の現れ方や対処行動の現状を具体的に把握し、ストレス・疲労が作業に及ぼす影響を軽減するため、より望ましい作業の仕方や休憩のタイミング・内容等についてセルフマネージメントできるように段階的な支援を行うことができる。そうした際にMSFASを用いることで、職場で生じうるストレスや疲労といった負荷による影響を把握することが可能となる。

（ア）ストレス・疲労への対処行動

　障害の有無にかかわらず、働くことはストレス・疲労へとつながるものである。特に、障害を持つことで、ストレス・疲労の仕事への影響はより大きなものとなる。トータルパッケージでは、対象者が適切なストレス・疲労への対処行動を学習し確立することは、安定した職業生活を送る上で必須なものであると捉えている。

　しかし、ストレス・疲労は個人的体験で、職場では個々が自律的に対処するべきものであり、上司や同僚等の他者の手を借りて対処することは難しい。そのため、ストレス・疲労への対処行動はセルフマネージメント・トレーニングの技法を用いて、段階的に学習されるべきである。トータルパッケージでは、適切なストレス・疲労に対する対処行動の確立を促すため、対処行動をセルフマネージメントスキルの一つとして意識的に段階的な支援を行うことを推奨している。ストレス・疲労の認識を高める段階と作業場面における休憩の取り方等に関する具体的な支援の段階を表11（表5再掲）に示した。

表11 MWSで実施できるストレス・疲労のセルフマネージメント・トレーニング

A. ストレス・疲労の認識を高める段階
① MSFAS等によりストレス・疲労に関する認識と現状の課題を把握する。
② MSFAS及び作業状況、過去の経過等により、ストレス・疲労のサインを整理し把握する。
③ MSFAS等を用いた相談で、ストレス・疲労への対処行動の確立の必要性と、自己のサインや有効と思われる対処方法について対象者と共に検討し、支援実施の同意を得る。
④ Bの段階での結果を基に、ストレス・疲労に対する対処行動を確認し支援計画を再検討する。

B. 作業場面における具体的な支援段階
⑤ ストレス・疲労のサインが見られた際に、対象者へフィードバックし状態を確認させる。
⑥ ストレス・疲労のサインが見られた際に支援者が休憩を指示する。
⑦ 休憩の内容や時間に関する選択肢を提示し、自己の状態に応じたものを選択させ休憩する。
⑧ ストレス・疲労を認識したり指摘された場合の休憩の内容等を計画し、自分のストレスや疲労、対処行動である休憩の取得を自己統制する。

（イ）MSFASによる課題・問題の共有化

MSFASでは、対象者と支援者が互いに協力しながら、具体的なストレスや疲労への対処方法を確立していく（図8）。そのため、MSFASは、「利用者用シート」と「支援者用（相談用）シート」の2部構成となっている。「利用者用シート」は、対象者本人や家族が作成し、「支援者用（相談用）シート」は支援者が対象者本人や家族等との面接・相談、作業中の状況等を把握した結果を基に作成するものである。

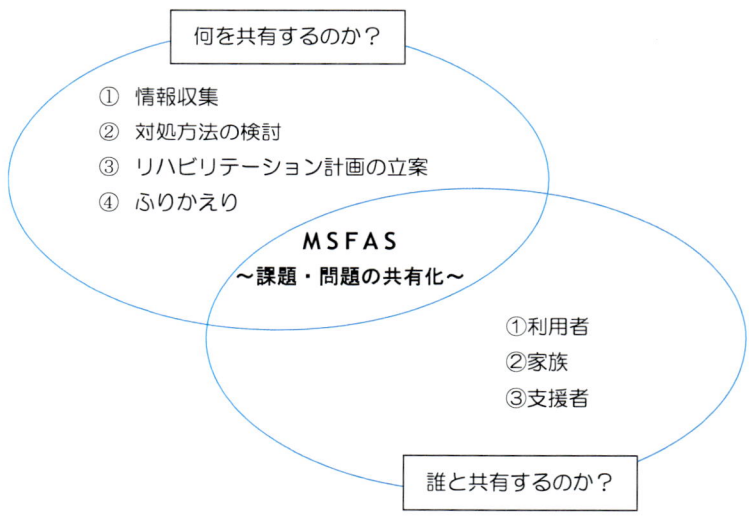

図8 トータルパッケージによるMSFASの活用

「利用者用シート」は、ストレス・疲労に関連する周辺情報を整理する様式から、病気・障害の状況やストレス・疲労の現状等を把握する様式までの6種から構成されている（表12）。

「支援者用（相談用）シート」は、医療情報やリハビリテーションの経過等を整理するシートから、ストレス・疲労の機能分析や支援計画を立案するシートまで7種から構成されている（表12）。

これらのシートは、対象者の状況やニーズに合わせて選択し、組み合わせて用いることも可能である。

―理論編―

表12　MSFASの構成

	〈利用者用シート〉		〈支援者用（相談用）シート〉
A	自分の生活習慣・健康状態をチェックする	G	医療情報整理シート
B	ストレスや疲労の解消方法を考える	H	ストレス・疲労に関する探索シート
C	ソーシャルサポートについて考える	I	服薬／治療・リハビリの経過整理シート
D	これまで携わった仕事について考える	J	支援手続きの課題分析シート
E	病気・障害に関する情報を整理する	K	対処方法の検討シート
F	ストレスや疲労が生じる状況について整理する	L	支援計画立案シート
		M	フェイスシート

　これらの様式を利用して、対象者と支援者はストレスや疲労を取り巻く様々な情報や具体的な対処方法、それらを実現するための職業リハビリテーション計画の検討等を共有することができる。また、実施結果を振り返る中で、新たな課題や状況を共に再検討することが可能となる。
　MSFASによる、このような課題・問題の共有化は利用者と支援者に限られたものではなく、家族を含めたり、職場の同僚や上司との間で共有化を図る場合にも活用できる。
　ストレスや疲労といった個人的体験や感じ方であったり、対処行動という経験の中で培われた個々人の行動傾向を、MSFASにおける具体的な記述として整理し、他者と共有することで、変容可能な、また支援可能な環境や行動とすることができるようになる。

（ウ）MSFASによる機能分析と課題分析
　MSFASによる課題の共有化の中で特に重要なのは、ストレスや疲労の原因とその対処行動の変容を計画する過程の共有である。これは、主に利用者用シートの「F　ストレスや疲労が生じる状況について整理する」及び支援者用（相談用）シートの「J　支援手続きの課題分析シート」「K　対処方法の検討シート」により可能である。以下に、MSFASにおける「機能分析」と「課題分析」の方法について解説する。

（a）ストレス・疲労による行動についての機能分析
　ストレスや疲労による行動について、応用行動分析の基本的な分析手法である「機能分析」を用いた分析例を図9に示した。図9の「不適切な行動・状況の例」にそって「機能分析」の過程を解説する。

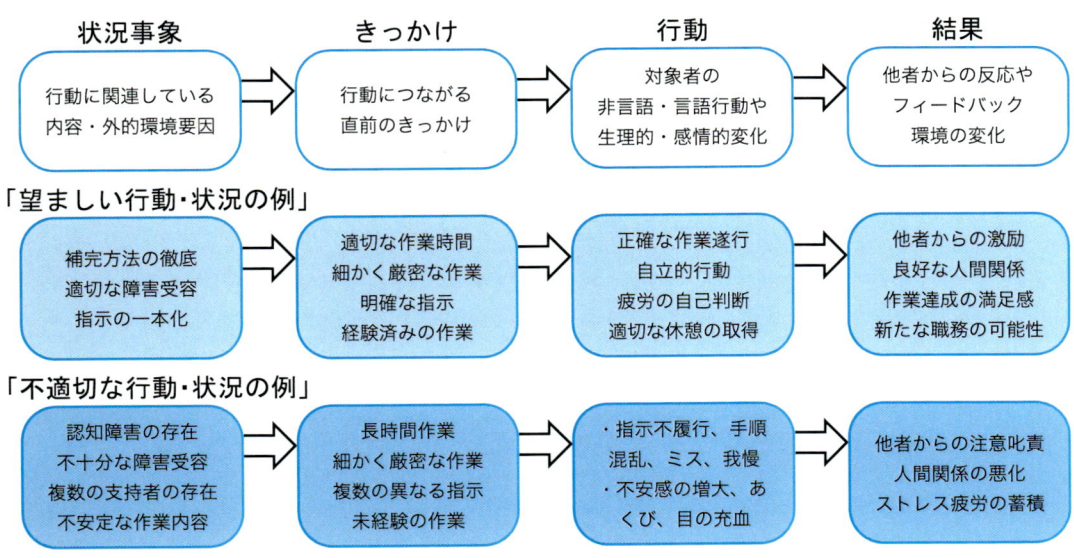

図9　ストレス・疲労による行動の機能分析

「機能分析」を行う場合には、まず**MSFAS**の利用者用シートに記入された内容や作業場面での行動観察等で得られた情報をもとに改善が必要と思われる行動（以下、ターゲット行動という）を選び出し、具体的な行動の内容を「行動」の部分に記述する。この時、対象者個人の内的状況（例、不安や疲労等）についても把握できた範囲で記述する。次に、その行動の直前に生じていた行動の原因を「きっかけ」に、また、行動の結果生じた環境の変化や他者の反応等については「結果」に記入する。さらに、この行動に関連している対象者の内的な要因や外的な環境の問題についても「状況事象」に整理する。このような「機能分析」により、ターゲット行動の発生や維持に関連する要因を行動分析的に把握することができ、具体的な対処行動や環境改善について検討することが可能となる。

（b）ストレス・疲労への対処行動の変容を計画する課題分析

図9の「不適切な行動・状況の例」に示したように、ストレス・疲労による行動には、「個人がこれまでに学習してきた必ずしも適切とはいえない行動」も含まれている。これらを「望ましい行動・状況の例」のような環境と行動の関係に移行させるために、行動変容の過程や支援の過程を、「課題分析」を用いて段階的に整理する。

例えば、図9で分析したように、ストレス・疲労による行動には、作業のミスや手順の乱れ、我慢などのように事業所によっては問題となる行動が多く含まれている。このような行動を、現状のストレス・疲労に対する学習された対処行動であると捉えると、他の対処行動を行動レパートリーに加えることで、ストレス・疲労への対処の仕方を拡大できる可能性が考えられる。

そこで、新たな対処行動として、例えば「作業のミスが出ないよう補完方法を徹底する」や「ストレス・疲労のサインを知り、自分自身の変化を上司に適切に伝え休憩を取る」といった行動が、より適切な行動レパートリーとして加えることが「課題分析」により計画される。「課題分析」では、まず指示やフィードバック等の「きっかけ」や「結果」を変えたり、作業内容や支援者の一本化等の「状況事象」を調整し、「行動」の改善を図る。また、「行動」の変化が障害受容の促進につながり、「状況事象」の変容をもたらすこともある。

このような「課題分析」に基づき、ストレス・疲労への適切な対処行動の獲得に向け、補完方法の活用に向けた練習をしたり、疲労に対して休憩を申し出るよう準備を整えることで、これまでとは異なる行動レパートリーの獲得をすることが可能となる。

MSFASでは、これらの「機能分析」や「課題分析」を支援者と対象者が一緒に行っていくことができる。そのため支援計画の立案やその結果の振り返りにおいても、情報の共有を図ることができる。**MSFAS**を用いて、現状や次の目標、目標に至るステップを明確に、支援者と対象者が共有できることは、これらの課題・問題の改善に向けたモチベーションの向上を促すことにもつながる。

（2）M-メモリーノートとの活用

MWSでは、職場で自立的に行動できるよう作業やストレス・疲労に対するセルフマネージメントスキルの確立に向けた支援を行うことができる。M-メモリーノートは、まさにセルフマネージメントに役立つツールであるが、作業用の様式等を**MWS**を実施する中で活用することにより、より高度なセルフマネージメントスキルの確立を支援することができる。以下に、作業のセルフマネージメントに向けたM-メモリーノートの活用について示す。

(ア) M-メモリーノートの機能

M-メモリーノートには、図10に示したような4つの機能を持たせることができる。それぞれの機能は、対象者が自立的に行動したり、適切なタイミングで支援を得たりするために、重要なものである。

トータルパッケージにおけるM-メモリーノートの支援では、これらの機能のうち、対象者にとって重要な機能を十分に発揮できるよう、集中訓練から般化支援まで計画的に支援することが必要である。対象者にとって重要な機能は、個々人の障害特性や生活スタイル、職場の状況等によって異なるため、これらの情報を基にした総合的な判断が望ましい。

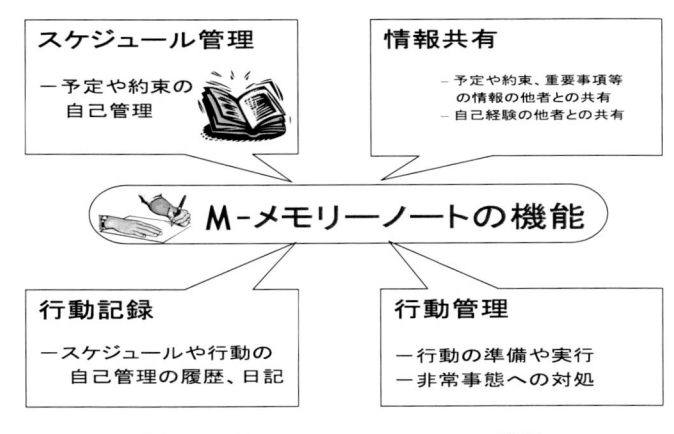

図10　M-メモリーノートの機能

(イ) M-メモリーノートの職業生活・日常生活への般化

M-メモリーノートの使用を日常生活へ般化させるためには、M-メモリーノートへの記入や参照が必要となる場面を日常の中で意識的に作り出すことが必要である。また、それらの場面を用意する場合には、般化の種類についても意識し検討することが望ましい。

般化の種類とその内容について、表13に般化の種類と内容を、図11に般化ができない事態の具体例を整理し示した。

表13　般化の種類と内容

般化の種類	内容
場面間般化	同じ指示内容を、同じ指示者が異なる場面で指示を出す場合
課題間般化	同じ指示者が、一定の場面で異なる内容の指示を出す場合
指示者間般化	同じ指示内容を、一定の場面で異なる指示者が指示を出す場合

場面間般化

同じ指示内容を同じ指示者が別々の場面で出す場合である。例えば、静かな部屋の中でマンツーマンで指示された場合には、対象者はスムーズにキーワードを聞き分け判断することができるが、作業現場で他の同僚が働いている場面で同じ指示を出されても、うまく書き分けることができない状況。

課題間般化

月曜日の朝には「今日の予定は、9時から物品請求書の作成です。事務室で作業してください」という指示があり、適切にM-メモリーノートに記入できたが、火曜日の朝になって「今日のうちに今週の日報の集計を提出してください」という内容に変わると適切に書くことができなかったという状況。

指示者間般化

朝のミーティングで作業の指示を出す方がAさんという指示者の場合とBさんという指示者の場合で、うまく書けるか書けないか異なってくるという状況。

図11　般化ができない事態の具体例

（ウ）M-メモリーノートの作業場面での活用

M-メモリーノートは、日常場面だけでなく作業場面でも活用できるよう、工夫されている。

ここでは、作業場面でのM-メモリーノートの活用に向けた段階的な訓練について概説する。図12に、M-メモリーノートの作業場面での活用に向けた段階的支援を示した。

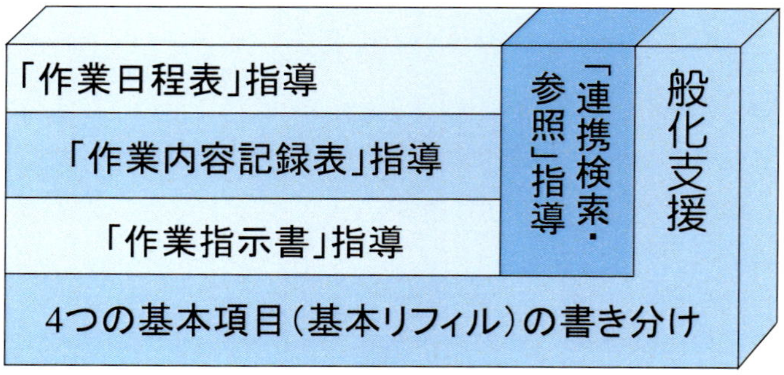

図12　M-メモリーノートの作業場面での活用

（a）作業用リフィルの内容と機能

・作業内容記録表；（項目）作業名、作業目的、使用機器、材料、作業手順、留意点等
　　　　　　　　自立的に作業の内容や方法を確認し、作業を進める場合に用いる。
・作業日程表；（項目）作業の予定時間、実施時間、作業の目標量や作業結果、
　　　　　　　　作業後の感想や自己評価、他者から見た評価等
　　　　　　　　自分自身の作業遂行力や疲労度等の把握や作業の自己管理に用いる。

（b）作業用リフィルの導入と段階的指導
① 「作業指示書」を用いた作業指導

MWS訓練版には各ワークサンプルに応じた「作業指示書」があり、一つの補完手段として、あるいは自立的な作業態度の育成に向けて、対象者の状況とニーズに応じて用いている。

作業指示書を用いた作業指導は、作業用リフィルを用いた作業指導の前段階として位置づけており、作業指示書の使用が安定した段階で各種作業用リフィルによる指導へ移行する。

―理論編―

② 「作業内容記録表」を用いた指導

作業指示書と作業内容記録表は、ほぼ同様の記入項目であり、レイアウトも類似指定部分が多い。

このような特徴を利用し、作業指示書から作業内容記録表へ、作業手順や作業内容を自分自身の作業状況（補完手段や補完行動、それらの使用のタイミングを含む）に合わせて整理する（図13）。つまり、作業内容記録表は、対象者に応じた"独自の作業指示書"として整備され、対象者はこれを用いて、作業を自立的に行っていく。

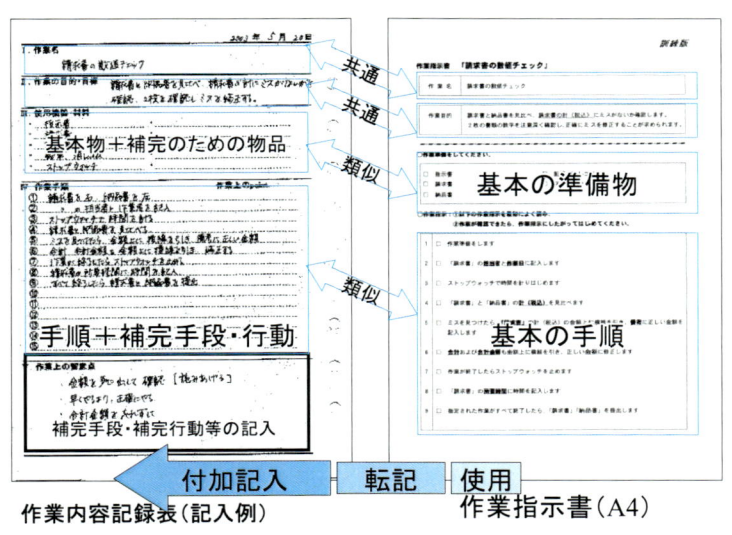

図13　作業指示書から作業内容記録表への移行

③ 「作業日程表」を用いた指導

作業内容記録表を使用し正確な作業を自律的に継続できるようになった段階で、作業日程表を用いた指導に移行する。

作業日程表は、作業に関する時間管理や作業量の管理を自律的に行えるよう、つまり作業に関するセルフマネージメントを実行できるよう工夫された様式である（図14）。

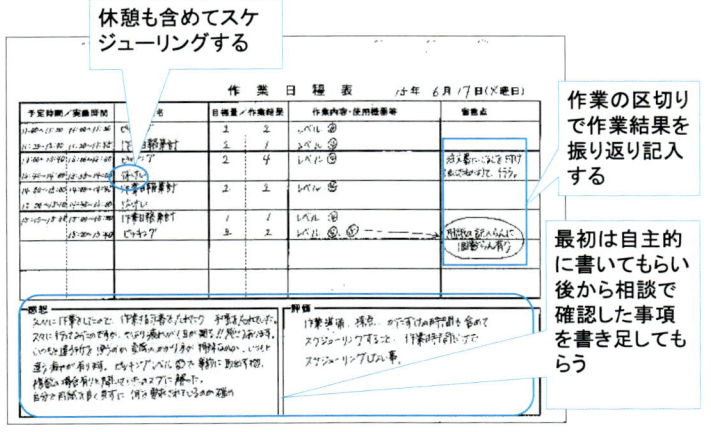

図14　作業日程表の記入例

このような特徴を利用して、休憩時間や休憩内容についても計画・実施することにより、作業だけでなく作業中のストレスや疲労についてのセルフマネージメントに向けた指導・支援も行うことができる。対象者によっては、自ら計画を立てることが難しい場合もあるが、このリフィルは対象者自身が全てを記入することも、また支援者による助言を得ながら用いることもできるため、対象者の状況に応じた柔軟かつ段階的な指導・支援を計画し、このリフィルを活用することが望ましい。

④ M-メモリーノート・リフィルの連携検索・参照による効果的な活用

M-メモリーノートの作業用リフィルの導入に伴い、基本様式の各項目と関連した内容が見られるようになる。そのため各項目やリフィルの連携検索・参照の方法を指導することが必要となる。これらの学習支援にあたっては、付箋やインデックス等の補完手段を用いたM-メモリーノートの構造化や連携検索・参照の具体的方法についての助言・指導等が有効である。

2．支援者の留意事項

（1）対象者との信頼関係
　MWSは数名程度の小集団でも実施可能だが、原則的には1対1で対象者の状況を見ながら実施するものであり、また随時相談し内観等の確認を行うことも多い。そのため、MWSを活用する支援者には、対象者を尊重する態度と信頼関係（ラポール）を形成する能力が必要である。
　特に、MWSの実施は質量とも対象者への負担が高く、また対象者自身が想像しているよりも厳しい結果となることも少なくない。対象者ができるだけベストを尽くせるよう、対象者に係る負荷や心理的負担やショック等に十分に配慮し、信頼関係の形成・維持に努めることが望ましい。

（2）トータルパッケージとMWSについての知識と経験
　MWSは多様な目的に対応できるよう、様々な作業種を取り入れ、複数段階のレベルを有するツール群である。また、トータルパッケージに含まれるその他のツールの内容も、多様な対象者とニーズに応えるため複数の機能を発揮できるよう工夫されている。MWSをはじめとしたツール群を効果的に活用し、トータルパッケージの目的を達成するためには、これらのツール群の内容や構成だけでなく、それらの実施方法や理論的背景等についても十分に知識を深めることが望ましい。さらに、トータルパッケージは様々な場面、様々な障害種に適応可能であるが、個々の障害特性に応じたニーズに適応するためには、相当の臨床経験が必要となることも事実である。
　MWSを効果的に活用するため、一定の知識に基づいた経験を積み重ねることが望ましい。

（3）対象者の自己決定の尊重と専門的サービスの実施
　MWSの実施には対象者のモチベーションや積極的な態度が必須である。そのため、MWSの選択や導入、実行に際しては、対象者の自己決定を尊重することが重要である。
　また支援者は、MWSの活用を通して、対象者に専門的な職業リハビリテーション・サービスを提供し、個々のニーズに応じた社会参加の実現や、障害者雇用の促進を図ることを忘れてはならない。そのためには、職業リハビリテーションの専門家として、評価・指導・支援に係わる技術を身につけるだけでなく、対象者や事業主にメリットとなる職業リハビリテーション・サービスの提供を心がけることが必要である。

（4）結果に関する守秘義務
　MWSをはじめとしたトータルパッケージの実施の中で得られた情報は、支援者が専門職として知り得た情報であり、その秘密の保持には細心の注意を払うべきである。職業リハビリテーションを効果的に実施するためには、支援者は教育や医療、福祉等の関係者と連携し支援を行うことも多くなる。このような連携は効果的な職業リハビリテーション・サービスの提供に不可欠なものであるが、一方で、実施結果を伝える範囲やその内容の判断に際しては、支援者が独善的に行うのではなく、常に対象者や家族等の同意を得ながら行わなければならない。
　トータルパッケージを活用した職業リハビリテーション・サービスが、対象者の将来を豊かにすることに繋げるためには、結果に関する守秘義務を、サービス提供者である専門家が有していることを心がけることが必要である。

―理論編―

3．MWSの活用による連携

　MWSは多くの関係機関で、訓練課題として導入され効果的な活用が図られ始めている。これらの機関でMWSを導入することにより、いわゆる職業前の段階の支援が、教育・福祉・医療の中に取り入れられ、より早期に職業を意識した取り組みが実現可能であることを示している。また、これらの試行では、対象者が抱える職業上の課題を具体的に捉えることにも役立てられている。

　このように様々な機関がMWSを活用し職業生活を意識した支援を行うことで、対象者は継続的かつ段階的に、具体的な目標を持って支援を受けることが可能となる。例えば、医療機関で一定の作業遂行能力と補完方法を身につけた後、職業リハビリテーション機関で職場を意識して負荷をかけてMWSを行ったり、既に身につけた補完方法の般化可能性を把握する等の段階的支援を設定できる。

　一方で、職場復帰の支援などでは、対象者の障害状況に適した職務内容を、事業所と具体的に検討する際に、MWSの実施結果が役立てられている。このことから、職業リハビリテーション機関で支援を行う際に、関係機関からMWSを活用した支援の状況が伝達されれば、新たな作業を学習する場合の対象者の特徴を把握することができ、ジョブコーチ支援（JC支援）等での具体的な支援方法の検討に役立つ。

　さらに、MWSの実施状況を家族や他の支援機関に伝達したり、家庭等の場面で実施できるMWSを活用することで、対象者の職業能力についての共通認識を図ることができ、職業生活を指向しつつ現状のニーズに応じた生活支援を検討したり行うことに役立つと考えられる。

　このように、MWS活用の記録等を共有することで密接な連携を構築することが期待される。

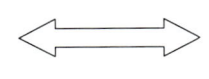
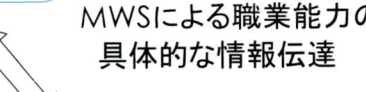
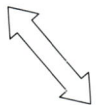

図15　MWSの活用による連携のイメージ

本マニュアルに関連のある障害者職業総合センター調査研究報告書は以下の通りです。個々の内容についての詳細な内容は、これらをご参照ください。

・セルフマネージメント・トレーニング・マトリックスを用いた、セルフマネージメント・トレーニングの理論と指導・支援方法の構造化や段階的支援の実施について
　　障害者職業総合センター調査研究報告書No55. 多様な発達障害を有する者への職場適応及び就業支援技法に関する研究．（2003）

・職場適応促進のためのトータルパッケージの理論とツール群の詳細な情報について
　　障害者職業総合センター調査研究報告書No57. 精神障害者等を中心とする職業リハビリテーション技法に関する総合的研究（最終報告書）．（2004）

・トータルパッケージの試行事例について
　　障害者職業総合センター調査研究報告書No64. 精神障害者等を中心とする職業リハビリテーション技法に関する総合的研究（活用編）．（2004）

・職業リハビリテーションにおける課題分析の理論と活用事例について
　　障害者職業総合センター調査研究報告書No. 73. 職業リハビリテーションにおける課題分析の実務的手法の研究．（2006）

・トータルパッケージの理論を発展させた事業主支援の考え方と事例について
　　障害者職業総合センター調査研究報告書No74. 事業主、家族等との連携による職業リハビリテーション技法に関する総合的研究（第1分冊　事業主支援編）．（2007）

・様々な関係機関におけるトータルパッケージの活用の考え方と事例について
　　障害者職業総合センター調査研究報告書No75. 事業主、家族等との連携による職業リハビリテーション技法に関する総合的研究（第2分冊　関係機関等との連携による支援編）．（2007）

・MWS、WCSTの一般参考値の詳細について
　　障害者職業総合センターマニュアル. トータルパッケージの活用のために．（2007）
　　障害者職業総合センターマニュアル. トータルパッケージの活用のために．（増補改訂版）（2013）

・特別支援学校や支援機関等から事業所への移行段階におけるトータルパッケージ活用の考え方と事例について
　　障害者職業総合センター調査研究報告書No93の1. 特別の配慮を必要とする障害者を対象とした、就労支援機関等から事業所への移行段階における就職・復職のための支援技法の開発に関する研究（第1分冊就職・職場適応支援編）．（2010）

・休職中の従業員の復職におけるトータルパッケージ活用の考え方と事例について
　　障害者職業総合センター調査研究報告書No93の2. 特別の配慮を必要とする障害者を対象とした、就労支援機関等から事業所への移行段階における就職・復職のための支援技法の開発に関する研究（第2分冊復職・職場適応支援編）．（2010）

・MWS活用の事例集
　　障害者職業総合センターマニュアル. ワークサンプル幕張版 MWSの活用のために．（2010）

・MSFAS活用の事例集
　　障害者職業総合センターマニュアル. 幕張ストレス・疲労アセスメントシート MSFASの活用のために．（2010）

執筆者

独立行政法人　高齢・障害・求職者雇用支援機構　障害者支援部門　元研究員　刎田　文記

視覚障害その他の理由で活字のままでこの本を利用できない方のために、営利を目的とする場合を除き、「録音図書」「点字図書」「拡大写本」等を作成することを認めます。
その際は、下記までご連絡ください。

障害者職業総合センター　研究企画部企画調整室
電　話　０４３－２９７－９０６７
ＦＡＸ　０４３－２９７－９０５７

なお、視覚障害者の方等で本冊子のテキストファイル（文章のみ）を希望されるときも、ご連絡ください。

職場適応促進のためのトータルパッケージ
ワークサンプル幕張版　実施マニュアル
― 理論編 ―

初版発行	2008年2月25日
第3刷発行	2016年9月20日
著　　者	独立行政法人高齢・障害・求職者雇用支援機構 障害者職業総合センター
発 行 所	株式会社エスコアール
	住所　〒292-0825　千葉県木更津市畑沢2-36-3
	電話　0438-30-3090
	E-mail info@escor.co.jp

©2008　障害者職業総合センター　ISBN978-4-900851-45-0
落丁本、乱丁本は弊社にてお取り替えいたします。